Karl-Wilhelm Weeber *In Latino veritas*

Karl-Wilhelm Weeber

IN LATINO VERITAS

Schlag nach bei Cäsar

Das passende lateinische Zitat
für alle Fälle

Langen*Müller*

Umschlaggestaltung: Wolfgang Heinzel
Satz: Buch-Werkstatt GmbH, Bad Aibling
Gesetzt aus: Adobe Garamond Pro, Frutiger light und Farfield light
Druck und Binden: CPI books GmbH, Leck
Printed in Germany
ISBN 978-3-7844-3420-9

www.herbig-verlag.de

INHALT

EINFÜHRUNG

Ut desint vires ... – das las ich einmal unter der Lateinarbeit eines Schülers. Mithilfe eines berühmten Ovid-Zitats deutete er leicht resignativ und sympathisch selbstironisch an, dass es mit der Übersetzung (ausgerechnet einer Ovid-Passage!) wohl etwas gehapert, er sich aber immerhin Mühe gegeben habe. »Wenn auch die Kräfte fehlen ...« – da weiß man »unter Lateinern«, dass der andere von sich aus das *tamen est laudanda voluntas* ergänzt: »ist trotzdem der Wille zu loben«. Augenzwinkernd wird hier eine lateinische Sentenz als Appell zur »Milde«, als »Abfederung« einer schwachen Übersetzungsleistung eingesetzt. So erreicht man des Lateinlehrers Herz: Kann man wirklich jemandem »böse« sein, der die Erkenntnis des eigenen »Scheiterns« so elegant, so espritvoll, so wissend formuliert?

Nun ja ... Als wahre Zaubermittel wirken lateinische Sentenzen nicht; aber sie leisten mitunter doch gute Dienste als Scharniere zwischen einer nüchternen, gelegentlich wenig rosigen Realität und einem entrückten, verheißungsvollen Bildungs-Arkadien. Lateinische Sinnsprüche und Aphorismen adeln und veredeln Textsorten des Alltags, streuen in Reden und Briefe, Unterhaltungen und Vorträge Blüten der Eleganz und Gediegenheit ein, verleihen dem Gesagten gewissermaßen historische Gravität und Dignität. Jeder weiß und spürt es, aber nur wenige geben diese Absicht und Wirkung zu.

In diesem Sinne kann die vorliegende »Blütenlese« von rund 2000 »Sprüchen« und Lebensweisheiten als Fundgrube für praktische Anwendungen genutzt werden: Latein für alle Fälle ...

Oder präsentiert sich diese Anthologie lateinischer Sentenzen im dritten Jahrtausend eher als Sammlung verwelkter Blüten, als angestaubtes Archiv überkommener Blütenträume aus den mehr oder weniger guten alten Zeiten humanistischer Bildungsideale? Oder gar als halb zerfallenes Monument arroganten Bildungsdünkels?

Als Herausgeber bin ich zuversichtlich, dass der Großteil der zusammengestellten Zitate und Lebensweisheiten diesen Eindruck gar nicht erst aufkommen lassen wird. Im Gegenteil. Viele sind von erstaunlicher Modernität und Aktualität. Man schlage etwa unter den Stichworten »Gesundheit« oder »Macht«, »Steuern« oder »Gier« nach. Größer noch ist die

Zahl der Sentenzen, bei denen Zeitloses, allgemein Menschliches in kunstvolle Formulierungen, treffsichere Pointen und stilistische Prägnanz gegossen ist – sprachliche Diamanten, geschliffen aus dem Stoff von Menschheitserfahrungen, die seit 2000 Jahren funkeln. Juwelen im Übrigen, die, weil sie in die traditionelle Universalsprache der Wissenschaften gekleidet sind, gesamteuropäisches Bildungsgut darstellen und zwei Jahrtausende europäischer Mentalitätsgeschichte illustrieren und illuminieren.

Ein Spiegel des Menschlichen und allzu Menschlichen, ein Potpourri zwischen gravitätisch und lustig-listig, nachdenklich und spöttisch, typisch und kurios, philosophisch und »kernig«: Ein »Geheimnis« lateinischer Sprichwortkunst ist, dass wir uns dort wiederfinden, dass das scheinbar Ferne bei genauerem Hinsehen recht nah wirkt. Das umfangreichste Stichwort dieser Anthologie ist – hätten Sie das, verehrte Leserinnen und Leser, gedacht? – »Liebe«. Nicht »Krieg« und »Sieg«, wie es Klischeevorstellungen von »den« Römern nahe legen könnten, nein: »Liebe«. Und zwar ohne Verzerrung des sozusagen historischen Sentenzen-Befundes, ohne auf möglichst hohe Zeitgeist-Aktualität schielende Einseitigkeit bei der Auswahl. Liebe ist ein zentraler Gegenstand lateinischer Literatur; entsprechend hoch ist die Zahl der ins Sentenziöse verdichteten Einsichten zu diesem wahrhaft zeitlosen Thema.

Freilich: Neben dieser Vielzahl zeitübergreifender lateinischer Wahrheiten und Weisheiten gibt es auch die Gruppe derer, die uns Einblicke in eine partiell fremde Kultur und Vorstellungswelt ermöglichen. Hier kann das Nicken der Selbsterkenntnis durchaus schon einmal dem Stirnrunzeln über manche zeitgebundene »Erkenntnis« weichen. Wer an Provokantem, zum Widerspruch Reizendem Gefallen findet, braucht nur unter Stichwörtern wie »Frau«, »Krieg« und »Sklaven« nachzublättern. Dort findet sich einiges, das dem nivellierenden Kriterium der political correctness zum Trotz in die Sammlung aufgenommen wurde. Den historischen Befund durch Ausklammern heutzutage als heikel oder anstößig empfundener Sentenzen zu modifizieren, käme einer Verfälschung gleich, einer bevormundenden Selektierung römischer Geistes- und Mentalitätsgeschichte einerseits und der fast 2000-jährigen Rezeptionsgeschichte auch dieser Motive andererseits.

Was als Ausdruck solcher Andersartigkeit im einen Falle als Herausforderung, ja vielleicht als Ärgernis erscheint, regt im anderen Falle zum Nachdenken an, indem es auf Defizite und Leerstellen zeitgenössischer Mentalität aufmerksam macht. Der Tod zum Beispiel: Heute vermeintlich »kein Thema«, ist er im Denken der Römer stets präsent. Beeindruckend lang ist dementsprechend die Liste der Reflexionen und Gefühle in Worten, in denen er im Zentrum steht. Oder auch das Glück und das Schicksal: Mächte, denen die moderne westliche Zivilisation in Gestalt aller möglichen Versicherungsprodukte die Stirn zu bieten scheint, sind für den Menschen der Antike ständige Begleiter. Sie fordern ihn dazu heraus, Stellung zu beziehen, den jähen Umschlag von Glück in Unglück mental zu antizipieren. Das Ergebnis dieses Nachdenkens sind zahlreiche gnomisch formulierte Erkenntnisse, in denen sich die gewonnene Einsicht mit der Freude am sprachlichen Kunstwerk auf engem Raume paart.

Die vorliegende Sammlung lässt sich daher nicht nur als Fundgrube auf der praktischen Suche nach einem passenden, den eigenen Gedankengang adelnden lateinischen Bonmot nutzen. Sie lädt auch gewissermaßen zum Blättern in den anregenden, gar nicht so vergilbten Seiten römischer Geisteswelt und lateinischer Literatur ein. Sentenzen können im glücklichsten Falle als Appetizer wirken, als sprachlich-gedankliche Leckerbissen, die zu einem intensiveren, ausgedehnteren Genuss der geistigen Kost einladen. Man kann sie als weithin sichtbare, im doppelten Sinne des Wortes spektakuläre Spitzen gewaltiger geistiger und literarischer Gebäude ansehen, die ohne breite, gesicherte Fundamente und solide Unterbauten nicht bestehen können. »Schlag nach bei Cäsar« ist deshalb auch als Anregung für eine Lektüre zu verstehen, die die hier sozusagen ausgegliederten »Goldenen Worte« in ihren ursprünglichen Kontext zurückstellt: Seneca und Cicero, Horaz und Ovid, Plautus und Cäsar, Tacitus und Vergil bieten ja bedeutend mehr als nur pointiert formulierte Lebensweisheiten und Aphorismen. Anthologien sollen nicht von der Lektüre der Ganzschriften weg-, sondern zu ihr hinführen – eben wie ein Appetizer Lust auf mehr macht.

Dann erklären sich auch manche scheinbaren Widersprüche und Ungereimtheiten, die bei einer bloßen Aneinanderreihung von Sentenzen nicht ausbleiben können. Natürlich gibt es nicht »die« Einstellung der römischen Antike zur Arbeit oder Lebensqualität, zum Schmerz oder zum Reichtum. Es sind viele unterschiedliche, oftmals dissonant-konträre Stimmen, denen in der vorliegenden Sammlung Raum gegeben wird, Stimmen aus fast einem Jahrtausend römischer Geistesgeschichte vom dritten vorchristlichen bis zum sechsten nachchristlichen Jahrhundert.

Schon aus dieser geistigen Heterogenität ergibt sich, dass Sentenzen niemals normativen Charakter haben können: Sie sind Denk- und Identifikationsangebote von hohem ästhetischem Wert, aber keine allgemein gültigen Regeln von gewissermaßen geistiger Gesetzeskraft. In älteren Lateinbüchern konnte man freilich gelegentlich einen anderen Eindruck gewinnen …

Die vorliegende Blütenlese konzentriert sich auf die lateinische Antike als geistiges Kontinuum und Reservoir. Ihr soll die oben ausgesprochene Einladung zu näherer Bekanntschaft und Auseinandersetzung gelten. Für die nach-antike Latinität bedürfte es einer weiteren, nicht nur einer erweiterten Einladung; Sinnsprüche und Aphorismen des lateinischen Mittelalters und der Neuzeit sind daher nicht aufgenommen worden. Das Gliederungsprinzip innerhalb der thematischen Einheiten ist ein schlichtes: Es folgt der alphabetischen Reihenfolge der jeweils ersten Wörter – ein Anordnungsprinzip, das sich durch Berufung auf ein geflügeltes Wort wo nicht legitimieren, so doch adeln lässt: *varietas delectat,* »Abwechslung macht Freude«.

ADEL

Generari et nasci a principibus fortuitum nec ultra aestimatur.

Tacitus Hist. I 16, 2

Abstammung und Geburt einem Fürstenhause zu verdanken ist reiner Zufall und es wird auch nicht anders eingeschätzt.

Nobilitas sola est atque unica virtus.

Juvenal VIII 20

Der einzige und alleinige Adel ist die Tugend.

Nobilitat suum quemque opus.

Juvenal VIII 254

Jeden adelt sein eigenes Werk.

Non facit nobilem atrium plenum fumosis imaginibus; animus facit nobilem.

Seneca ep. 44, 5

Nicht ein mit rußgeschwärzten Ahnenbildern voller Hausflur macht den Adligen aus, sondern die Gesinnung.

Potest ex casa vir magnus exire.

Seneca ep. 66, 2

Ein bedeutender Mensch kann aus einer Hütte hervorgehen.

Qui genus iactat suum, aliena laudat.

Seneca Herc. fur. 340

Wer sich mit seiner bedeutenden Abstammung brüstet, rühmt die weniger berühmte Abstammung anderer.

Si quid est aliud in philosophia boni, hoc est, quod stemma non inspicit. Omnes, si ad originem primam

Seneca ep. 44, 1

Wenn überhaupt etwas gut ist an der Philosophie, so dies, dass sie auf keinen Stammbaum achtet. Wenn man auf den ersten Ursprung zurückgeht, stammen alle von den Göttern ab.

ALTER

Ad omnia alia aetate sapimus rectius: / solum unum hoc vitium adfert senectus hominibus: / attentiores sumus ad rem omnes quam sat est.

Terenz Ad. 832 ff.

Für alles andere haben wir im Alter die richtigere Einstellung. / Lediglich diesen einen Fehler bringt das Alter den Menschen: / Wir achten genauer auf das Geld, als es angebracht ist.

Amariorem me senectus facit; stomachor omnia.

Cicero Att. XIV 21, 3

Das Alter macht mich bitterer. Ich ärgere mich über alles.

Avaritia vero senilis quid sibi velit, non intellego. Potest enim quicquam esse absurdius quam, quo viae minus restet, eo plus viatici quaerere?

Cicero sen. 66

Was Geiz im Alter soll, kann ich nicht erkennen. Kann es denn etwas Abwegigeres geben, als wenn man umso mehr Reisegeld verlangt, je weniger Reisestrecke übrig ist?

Apex est autem senectutis auctoritas.

Cicero sen. 61

Die Krönung des Alters aber ist das Ansehen.

Edepol, senectus, si nihil quicquam aliud viti; / adportes tecum, cum advenis, unum id sat est: / quod diu vivendo multa quae non volt videt.

Caecilius

Fürwahr, wenn du, Alter, nichts anderes Schlimmes / mit dir bringst, wenn du kommst – dies eine reicht: / dass man durch ein langes Leben vieles sieht, was man nicht sehen will.

Immodicis brevis est aetas et rara senectus.

Martial VI 29, 7

Unmäßige haben ein kurzes Leben und werden selten alt.

In senectute hoc deputo miserrimum: / sentire ea aetate eumpse esse odiosum alteri.

Caecilius

Dies halte ich für das Schlimmste im Alter: / zu spüren, dass man in diesem Lebensabschnitt anderen zur Last fällt.

Mature fias senex, si diu velis esse senex!

Cicero sen. 32

Werde zeitig zum Greis, wenn du lange Greis sein willst!

Multa senem circumveniunt incommoda.

Horaz AP 169

Den alten Mann umzingeln viele Nöte.

Nemo enim est tam senex, qui se annum non putet posse vivere.

Cicero sen. 24

Keiner ist so alt, dass er nicht glaubt, noch ein Jahr leben zu können.

Nihil magis cavendum est senectuti quam ne languori se desidiaeque dedat.

Cicero off. I 123

Vor nichts muss man sich im Alter mehr hüten, als sich der Lässigkeit und der Untätigkeit hinzugeben.

Nos ignoremus, quid sit matura senectus. / Scire aevi meritum, non numerare decet.

Ausonius epigr. 40, 7

Wir wollen nicht wissen, was reifes Alter ist. / Das Verdienst des Alters sollte man wissen, nicht durch Zusammenzählen errechnen.

O mihi praeteritos referat si Iuppiter annos!

Vergil Aen. VIII 560

Ach könnte mir Jupiter doch die verflossenen Jahre zurückgeben!

Profecto deliramus interdum senes.

Plautus Epid. 393

Tatsächlich sind wir Alten manchmal nicht recht bei Verstand.

Quid est turpius quam senex vivere incipies?

Seneca ep. 13, 17

Was ist schimpflicher, als im Alter anfangen wollen zu leben?

Quod senior loquitur, omnes consilium putant.

Publilius Syrus

Was ein Alter spricht, empfinden alle als Rat.

Senesco multa in dies addiscens.

Nach Cicero sen. 50

Ich werde alt, indem ich von Tag zu Tag dazulerne.

Senectus ipsa morbus est.

Terenz Phorm. 575

Das Alter selbst ist eine Krankheit.

Seris venit usus ab annis.

Ovid Met. VI 29

Erfahrung stellt sich in späten Jahren ein.

Tempora labuntur tacitisque senescimus annis.

Ovid fasti VI 771

Die Zeit gleitet dahin und im stillen Ablauf der Jahre werden wir alt.

Turpis et ridicula res est elementarius senex; iuveni parandum, seni utendum est.

Seneca ep. 36, 4

Schimpflich und lächerlich ist es, als Greis die Schulbank zu drücken; als junger Mensch muss man Wissen erwerben, als alter von ihm Gebrauch machen.

Ubi peccat aetas maior, male discit minor.

Publilius Syrus

Wo das höhere Alter sündigt, erhält das jüngere einen schlechten Anschauungsunterricht.

Ut enim non omne vinum, sic non omnis natura vetustate coacesit.

Cicero sen. 65

Wie nicht jeder Wein im Alter sauer wird, so auch nicht jeder Charakter.

ANERKENNUNG

At pulchrum est digito monstrari et dicier »hic est!«
Persius I 27

Schön aber ist es, wenn mit dem Finger auf einen gezeigt und gesagt wird: »Der hier ist es!«

Ea est profecto iucunda laus, quae ab iis proficiscitur, qui ipsi in laude vixerunt.
Cicero fam. XV 6, 1

Das ist tatsächlich ein angenehmes Lob, das von Menschen ausgeht, denen selbst im Leben Anerkennung zuteil geworden ist.

Esse quam videri bonus malebat; ita quo minus petebat gloriam, eo magis illum sequebatur.
Sallust Cat. 54, 6

Er zog es vor, gut zu sein und nicht nur gut zu erscheinen; daher folgte ihm der Ruhm umso mehr, je weniger er ihn erstrebte.

Etiam sapientibus cupido gloriae novissima exuitur.
Tacitus hist. 4, 6

Auch Weise legen den heftigen Wunsch, anerkannt zu werden, erst als Letztes ab.

Gloria industria alitur.
Sallust ep. ad Caes. II 7, 7

Anerkennung gibt dem Streben Nahrung.

Gloria virtutem tamquam umbra sequitur.
Cicero Tusc. I 109

Ruhm folgt der Tüchtigkeit wie ein Schatten.

Gratis paenitet probum esse.
Ovid ep. ex Ponto II 3, 13

Ohne Anerkennung tüchtig zu sein bereitet Verdruss.

Honos alit artes.
Cicero Tusc. I 4

Öffentliche Anerkennung nährt die Künste.

Honos praemium virtutis.
Cicero Brut. 281

Anerkennung ist der Lohn für Leistung.

Immensum gloria calcar habet.
Ovid ep. ex Ponto IV 2, 36

Ruhm bedeutet einen unermesslichen Ansporn.

Laetus sum laudari me a laudato viro.
Nach Cicero fam. XV 6, 1

Ich freue mich, bei einem anerkannten Manne Anerkennung zu finden.

Laudare dignos honesta actio est.
Seneca ep. 101, 10

Würdigen Anerkennung auszusprechen ist eine sittlich gute Tat.

Nescio quo pacto vel magis homines iuvat gloria lata quam magna.
Plinius ep. IV 12, 7

Irgendwie liegt den Menschen noch mehr an der Verbreitung ihres Ruhms als an dessen Größe.

Nulla est gloria praeterire asellos.
Martial XII 36, 13

Es bedeutet keinen Ruhm, Esel zu überholen.

Pessimum inimicorum genus: laudantes.
Tacitus Agric. 41

Die schlimmste Art von Feinden: Lobredner.

Qui se laudari gaudet verbis subdolis, / sera dat poenas turpes paenitentia.
Phaedrus I 13, 1 f.

Wer sich darüber freut, mit arglistigen Worten gelobt zu werden, / büßt dafür schändlich mit zu später Reue.

Trahimur omnes studio laudis et optimus quisque maxime gloria ducitur. Ipsi illi philosophi etiam illis libellis, quos de contemnenda gloria scribunt, nomen suum inscribunt.
Cicero Arch. poeta 26

Wir alle lassen uns vom Streben nach Anerkennung mitreißen. Gerade die Besten lassen sich vor allem durch den Gedanken an Ruhm leiten. Denn selbst jene Philosophen, die über die Geringschätzung des Ruhmes schreiben, setzen ihren Namen auf ihre Bücher.

Vanam gloriam qui spreverit, veram habebit.

Livius XXII 39, 20

Wer eitlen Ruhm verachtet, wird wahren ernten.

Vitio malignitatis humanae vetera semper in laude, praesentia in fastidio sunt.

Nach Tacitus dial. 18

Es liegt an der Untugend menschlicher Missgunst, dass dem Alten stets Anerkennung zuteil wird, das Gegenwärtige aber als verdrießlich empfunden wird.

ANFANG

Dimidium facti, qui coepit, habet.

Horaz epist. I 2, 40

Die Hälfte hat geschafft, wer angefangen hat.

Foedum inceptu, foedum exitu.

Livius I pr. 10

Von Anfang bis Ende hässlich.

Incipe, dimidium facti est coepisse.

Ausonius epigr. 81

Fang an! Die Hälfte einer Tat ist, angefangen zu haben.

Initia in potestate nostra sunt; de eventu fortuna iudicat.

Seneca ep. 14, 16

Der Anfang steht in unserer Macht; über den Ausgang entscheidet das Schicksal.

Omnium rerum principia parva sunt.

Cicero fin. V 58

Aller Dinge Anfang ist klein.

Porta itineri longissima est.

Nach Varro r.r.I 2, 2

Der weiteste Teil des Weges ist der zum Tor.

Principiis consentit exitus.

Cicero fam. XI 6, 3

Dem Anfang entspricht das Ende.

Principiis obsta: sero medicina paratur, / cum mala per longas convaluere moras.

Ovid rem. 91 f.

Widerstehe den Anfängen! Zu spät wird Arznei bereitgestellt, / wenn Krankheiten durch langes Zuwarten schon an Kraft gewonnen haben.

Priusquam incipias, consulta, et ubi consulueris, mature facto opus est.

Sallust Cat. 1, 6

Bevor du anfängst, denk nach, und sobald du nachgedacht hast, musst du zügig handeln.

Venienti occurrite morbo!

Persius III 64

Begegnet der Krankheit, solange sie im Anmarsch ist!

ANGST

Alius libidini servit, alius avaritiae, alius ambitioni, omnes spei, omnes timori.

Macrobius sat. I 11, 8

Der eine ist Sklave seiner Lust, der andere Sklave seiner Habgier, der dritte seines Ehrgeizes, alle sind Sklaven der Hoffnung und der Angst.

Audacem fecerat ipse timor.

Ovid fasti III 644

Gerade die Angst hatte ihn mutig gemacht.

Audendo magnus tegitur timor.

Lucan IV 702

Wagemut überdeckt große Angst.

Horresco referens.

Vergil Aen. II 204

Ich erschaudere allein beim Bericht darüber.

Lingua haeret metu.

Terenz Eun. 977

Die Zunge stockt mir vor Angst.

Maius malum timere quam est illud ipsum, quod timetur.

Nach Cicero Att. X 16, 1

Schlimmer als das, was man befürchtet, ist die Furcht selbst.

Metus interpres semper in deteriora inclinatus.

Nach Livius XXVII 44, 10

Angst deutet die Dinge stets zum Schlechteren hin.

Miseranda vita, qui se metui quam amari malunt.

Cornelius Nepos Dion 9

Ein bemitleidenswertes Leben führen die, die lieber gefürchtet als geliebt werden wollen.

Multos timere debet, quem multi timent.

Publilius Syrus

Viele muss der fürchten, den viele fürchten.

Nemo sine aliqua iactura sanitatis expavit.

Seneca NQ VI 29, 2

Niemand ist je ohne einen gewissen Verlust seines gesunden Menschenverstandes in Entsetzen geraten.

Nemo timendo ad summum pervenit locum.

Publilius Syrus

Mit Angst hat noch niemand eine Spitzenstellung erreicht.

Non metu, sed officii causa peccatis abstinendum.

Cicero off. II 31

Nicht aus Angst, sondern aus Pflichtgefühl sollte man nichts Schlechtes tun.

Oderint, dum metuant!

Accius, Atreus

Sollen sie mich hassen, solange sie mich fürchten!

Pedibus timor addidit alas.

Vergil Aen. VIII 224

Die Angst verlieh den Füßen Flügel.

Pericla timidus etiam quae non sunt videt.

Publilius Syrus

Der Ängstliche sieht Gefahren, die es gar nicht gibt.

Plus timor quam ira celeritatis habet.

Livius VI 32, 10

Angst ist schneller als Zorn.

Si vultis nihil timere, cogitate omnia esse metuenda.
Seneca NQ VI 2, 13

Wenn ihr nichts fürchten wollt, dann denkt daran, dass man alles fürchten muss.

Timidus se vocat cautum, avarus parcum.
Publilius Syrus

Der Ängstliche nennt sich vorsichtig, der Geizige nennt sich sparsam.

Tranquillas etiam naufragus horret aquas.
Ovid ep. ex Ponto II 7, 8

Dem Schiffbrüchigen graut es auch vor ruhigem Wasser.

Virtutis omnis impedimentum est timor.
Publilius Syrus

Für jede Art von Tüchtigkeit ist Furcht ein Hemmnis.

ANSEHEN

Ad gloriam aut famam non est satis unius opinio.
Seneca ep. 102, 13

Für Ruhm oder guten Ruf reicht das Urteil eines Einzigen nicht aus.

Ante conscientiae consulendum est quam famae.
Velleius Paterculus I 2, 115

Für ein gutes Gewissen muss man eher sorgen als für einen guten Ruf.

Cultus magnificus addit hominibus auctoritatem.
Nach Quintilian inst. or. VIII pr. 20

Großartiges Auftreten steigert das Ansehen eines Menschen.

Magnum hoc ego duco, / quod placui tibi, qui turpi secernis honestum, / non patre praeclaro, sed vita et pectore puro.
Horaz sat. I 6, 62 ff.

Das halte ich für bedeutsam, / dass ich dir, der du Ehrenwertes und Schimpfliches auseinanderhältst, gefallen habe / nicht wegen eines berühmten Vaters, sondern wegen meiner reinen Lebensweise und Einstellung.

ANSTAND

Genus hominum ad honestatem natum est.

Cicero part. or. 91

Das Menschengeschlecht ist zum Anstand geboren.

Non omne, quod licet, honestum est.

Digesta L 17

Nicht alles, was erlaubt ist, ist anständig.

Probitas laudatur – et alget.

Juvenal I 74

Der Anstand wird gelobt – und friert.

Quaedam iura non scripta, sed omnibus scriptis certiora sunt.

Seneca contr. I 1, 14

Bestimmte Rechtsregeln sind nicht schriftlich fixiert, aber verbindlicher als alle schriftlich fixierten.

Quod non vetat lex, hoc vetat fieri pudor.

Seneca Troad. 334

Was das Gesetz nicht verbietet, verbietet doch der Anstand.

Virtus est medium vitiorum et utrimque reductum.

Horaz epist. I 18, 9

Anstand hält die Mitte zwischen den Fehlern und ist von den Extremen gleich weit entfernt.

ARBEIT

Inertia iudicatur, cum fugitur labor.

Publilius Syrus

Die Flucht vor der Arbeit gilt als Faulheit.

In opere suo occupata sollicitudo ingens oblectamentum habet in ipsa occupatione.

Seneca ep. 9, 7

Rastlosigkeit, die auf ihre Arbeit bezogen ist, findet in der Arbeit selbst größten Lustgewinn.

Iucundi acti labores.
Cicero fin. II 105

Angenehm sind die vollbrachten Arbeiten.

Iuvat ipse labor.
Martial I 107, 8

Die Arbeit selbst macht Freude.

Laboremus!
Letztes Wort des Kaisers Septimius Severus; Historia Augusta Sept. Sev. 23

An die Arbeit!

Labor omnia vicit / improbus.
Vergil georg. I 145 f.

Die unselige Arbeit hat über alles den Sieg davongetragen.

Labor voluptasque, dissimillima natura, societate quadam inter se naturali sunt iuncta.
Livius V 4, 4

Arbeit und Vergnügen scheinen von ganz unterschiedlicher Art, sind aber doch durch ein geradezu natürliches Band miteinander verbunden.

Leve fit, quod bene fertur, onus.
Ovid am. I 2, 10

Leicht wird eine Last, die gut getragen wird.

Nil actum crede, si quid superest agendum.
Nach Lucan II 657

Glaube nicht, es sei schon etwas getan, wenn noch etwas zu tun übrig ist.

Nil sine magno / vita labore dedit mortalibus.
Horaz sat. I 9, 59 f.

Nichts hat das Leben den Menschen ohne große Anstrengung gegeben.

Nullus agenti dies longus est.
Seneca ep. 122, 3

Für einen, der arbeitet, ist kein Tag lang.

Sicut equus ad cursum, bos ad arandum, canis ad indagandum, sic homo ad agendum et laborandum natus est.

Cicero fin. II 40

Wie das Pferd zum Laufen, das Rind zum Pflügen, der Hund zum Aufspüren, so ist der Mensch zum Handeln und Arbeiten geboren.

Solet sequi laus, cum viam fecit labor.

Publilius Syrus

Anerkennung pflegt zu folgen, wo Arbeit den Weg gebahnt hat.

ARMUT

Ad restim res redit.

Terenz Phorm. 686

Meine finanzielle Situation lässt mir nur den Strick.

Bonae mentis soror est paupertas.

Petron 84

Armut ist die Schwester der anständigen Gesinnung.

Cantabit vacuus coram latrone viator.

Juvenal X 22

Ein Reisender, der nichts besitzt, wird im Angesicht des Räubers singen.

Contemnite paupertatem: nemo tam pauper vivit, quam natus est.

Seneca prov. 6

Verachtet die Armut: Niemand lebt so arm, wie er geboren wurde.

Curia pauperibus clausa est; dat census honores.

Ovid am. III 8, 55

Für Arme ist die politische Laufbahn verschlossen, erst Vermögen verleiht Ämter.

Facilius plerumque est egestatem ferre in hac natis.

Quintilian decl. 269

Meist ist es für die in Armut Geborenen leichter, sie zu ertragen.

Hominem experiri multa paupertas iubet.
Publilius Syrus

Armut befiehlt dem Menschen, vieles auszuprobieren.

Honesta res est laeta paupertas.
Seneca ep. 2, 5

Eine ehrbare Sache ist fröhliche Armut.

Magnas inter opes inops.
Horaz c. III 16, 28

Arm inmitten großen Reichtums.

Mala est inopia, ex copia quae nascitur.
Publilius Syrus

Schlimm ist Armut, die aus Reichtum hervorgeht.

Neque laus in copia neque culpa in penuria consistit.
Apuleius apol. 20

Weder ist Reichtum etwas, dessen man sich rühmen könnte, noch ist Armut etwas, weshalb man sich schuldig fühlen müsste.

Nil habet infelix paupertas durius in se, / quam quod ridiculos homines facit.
Juvenal III 152 f.

Nichts Härteres bringt unglückliche Armut mit sich, / als dass sie die Menschen lächerlich macht.

Non qui parum habet, sed qui plus cupit, pauper est.
Seneca ep. 2, 6

Nicht wer zu wenig hat, ist arm, sondern wer mehr will.

Nudus nec a decem palaestritis despoliari potest.
Nach Apuleius Met. I 15, 3

Ein Nackter kann auch von zehn Ringkämpfern nicht ausgeraubt werden.

Nulla fides inopi.
Ausonius epigr. 92, 4

Arme genießen kein Vertrauen.

Pauperis est numerare pecus.

Ovid Met. XIII 824

Ich bin arm, ich geb's zu und nehme es hin; was die Götter geben, ertrage ich.

Pauper sum, fateor, patior; quod di dant, fero.

Plautus Aul. 88

Nur der Arme zählt sein Vieh.

Paupertas artes omnes perdocet.

Plautus Stich. 178

Armut lehrt alle Künste gründlich.

Semper pauper eris, si pauper es, Aemiliane. / Dantur opes nullis nunc nisi divitibus.

Martial I 81

Stets wirst du arm sein, wenn du arm bist, Aemilianus. / Reichtum wird heutzutage nur den Reichen zuteil.

AUFSCHUB, EILE

Ad paenitendum properat, cito qui iudicat.

Publilius Syrus

Zur Reue eilt, wer zu schnell urteilt.

Da spatium tenuemque moram; male cuncta ministrat impetus.

Statius Theb. X 704

Gib Zeit und etwas Aufschub; blinder Ansturm ist bei allem ein schlechter Helfer.

Deliberando saepe perit occasio.

Publilius Syrus

Durch Überlegen geht oft eine Gelegenheit verloren.

Deliberandum est diu, quod statuendum est semel.

Publilius Syrus

Lange muss erwogen werden, was einmal zu entscheiden ist.

Differ! Habent parvae commoda magna morae.

Ovid fast. III 394

Verschieb es! Kleiner Aufschub bringt großen Vorteil.

Dum Romae consulitur, Saguntum expugnatur.
Nach Livius XXI 7, 1

Während in Rom noch beraten wird, wird Sagunt erobert.

Festina lente!
Augustus bei Sueton Aug. 25

Eile mit Weile!

I! Quid stas, lapis?
Terenz Heaut. 831

Geh! Was stehst du noch da wie ein Stein?

In crastinum differo res serias.
Cornelius Nepos Pelop. 3

Ernste Sachen verschiebe ich auf den nächsten Tag.

Maximum remedium irae mora est.
Seneca ira III 39

Das stärkste Heilmittel gegen Zorn ist die Zeit.

Nullus cunctationis locus est in eo consilio, quod non potest laudari nisi peractum.
Tacitus hist. I 38, 2

Es gibt keinen Raum für Zögern bei einer Entscheidung, die, erst wenn sie durchgesetzt ist, Anerkennung verdient.

Omnis festinatio lenta est.
Curtius Rufus IX 9, 12

Alle Eile ist langsam.

Quod differtur, non aufertur.
Nach Seneca prov. 4, 7

Was aufgeschoben wird, wird nicht aufgehoben.

Sat cito, si sat bene.
Hieronymus ep. 66, 9

Es ist schnell genug, wenn es gut genug ist.

Semper nocuit differre paratis.
Lucan I 281

Stets hat ein Aufschub denen geschadet, die bereit waren.

Vicistis cocleam tarditudine.
Plautus Poen. 532

Ihr habt eine Schnecke an Langsamkeit übertroffen.

ÄUSSERER SCHEIN

Decipit frons prima multos.
Phaedrus IV 2, 5

Viele lassen sich durch den ersten Eindruck täuschen.

Fallaces sunt rerum species.
Seneca ben. IV 34

Trügerisch ist das Äußere der Dinge.

Fallit vitium specie virtutis.
Juvenal XIV 109

Das Laster täuscht mit dem Anschein der Tugend.

Introrsum turpis, speciosus pelle decora.
Nach Horaz epist. I 16, 45

Hässlich im Inneren, ansehnlich mit schöner Außenhaut.

Nemo potest personam diu ferre.
Seneca clem. 1, 1

Niemand kann lange eine Maske tragen.

Nimium ne crede colori!
Vergil buc. II 17

Trau der Farbe nicht zu sehr!

Non omnes, qui habent citharam, sunt citharoedi.
Varro r.r. II 1, 3

Nicht alle, die eine Kithara besitzen, sind Kitharaspieler.

O quanta species! … cerebrum non habet!
Phaedrus I 17

Welch schöner Anblick! … Aber Hirn hat er nicht.

Video barbam et pallium; philosophum nondum video.
Gellius I 9, 2

Bart und Mantel sehe ich wohl, den Philosophen aber sehe ich noch nicht.

BESCHEIDENHEIT

Contentum suis rebus esse maximae sunt certissimaeque divitiae.

Cicero parad. Stoic. 51

Mit seiner Lage zufrieden zu sein ist der größte und sicherste Reichtum.

Decet verecundum esse adulescentem.

Plautus Asin. 833

Für einen jungen Menschen gehört es sich, bescheiden zu sein.

Ex modico, quantum res poscet, acervo / tollam.

Horaz epist. II 2, 190 f.

Ich will aus einem mäßig großen Vorrat nehmen, wie viel die Lage fordert.

Feriunt summos fulgura montes.

Nach Horaz c. II 10, 11 f.

Blitze treffen die Gipfel der Berge.

Hoc erat in votis: modus agri non ita magnus, / hortus, ubi et tecto vicinus iugis aquae fons / et paulum silvae super his foret.

Horaz sat. II 6, 1 ff.

Das war immer mein Wunsch: ein Stück Land, nicht zu groß, / ein Garten, nahe am Haus ein vom Berg fließender Wasserquell / und ein bisschen Wald darüber.

Multa petentibus / desunt multa; bene est, cui deus obtulit / parca, quod satis est, manu.

Horaz c. III 16, 42 ff.

Wer viel begehrt, / dem fehlt auch vieles; wohl dem, dem ein Gott / mit sparsamer Hand das verlieh, was genug ist.

Officium alterius multis narrare memento; / at quaecumque aliis benefeceris ipse, sileto.

Disticha Catonis I 15

Denke daran, den Dienst eines anderen vielen zu erzählen, / aber schweige über das, was du selbst anderen Gutes getan hast.

Omnia habet, qui nihil concupiscit.

Valerius Maximus IV 4, 1

Alles hat, wer nichts begehrt.

Parvo natura dimittitur.
Nach Seneca ep. 60, 3

Die Natur lässt sich mit wenigem zufrieden stellen.

Qui semel verecundiae finis transierit, eum bene et naviter oportet esse impudentem.
Cicero fam. V 13, 3

Wer einmal die Grenzen der Bescheidenheit überschritten hat, der muss auch ordentlich unbescheiden sein.

Quod satis est cui contingit, nihil amplius optet.
Horaz epist. I 2, 46

Wer erreicht hat, was genug ist, sollte nichts darüber hinaus wünschen.

Quod sis esse velis, nihilque malis.
Martial X 47, 12

Wünsch dir, das zu sein, was du bist, und begehre nichts darüber hinaus.

Satis est populis fluviusque Ceresque.
Lucan IV 381

Wasser und Brot – das reicht für das Volk.

Tecum habita!
Persius IV 51 f.

Wohn bei dir!

Verecundari neminem apud mensam decet.
Plautus Trin. 478

Bei Tisch braucht keiner bescheiden zu sein.

Vitavi denique culpam, / non laudem merui.
Horaz AP 267 f.

Ich habe schließlich nur vermieden, Schuld auf mich zu laden, / aber keine Anerkennung verdient.

BETRUG

Fallite fallentes!
Ovid AA I 645

Betrügt, die euch betrügen!

Fistula dulce canit, volucrem dum decipit auceps.

Disticha Catonis I 27, 2

Süß klingt die Pfeife, wenn der Fänger den Vogel täuscht.

Intus est equus Troianus.

Nach Cicero Mur. 78

Drinnen ist ein Trojanisches Pferd.

Latet error equo; ne credite, Teucri!

Vergil Aen. II 48

Es verbirgt sich Betrug in dem Pferd; vertraut ihm nicht, Trojaner!

Peior serpentibus Afris.

Horaz sat. II 8, 95

Hinterhältiger als afrikanische Schlangen.

Pia fraus.

Ovid Met. IX 711

Frommer Betrug.

Punica fides.

Sallust Iug. 108, 3

Karthagische Treue (= Treulosigkeit).

Quicumque turpi fraude semel innotuit, / etiam si verum dicit, amittit fidem.

Phaedrus I 10, 1 f.

Wer einmal durch schändlichen Betrug aufgefallen ist, / verliert seine Glaubwürdigkeit, auch wenn er die Wahrheit spricht.

BILDUNG

Homo doctus in se semper divitias habet.

Phaedrus IV 25, 1

Ein gebildeter Mann trägt seinen Reichtum stets bei sich.

Indocti a Musis atque a Gratiis absunt.

Nach Quintilian inst. or. I 10, 21

Ungebildete sind weit weg von den Musen und den Grazien.

Litterae thesaurus sunt.
Petron 46, 8

Bildung ist ein Schatz.

Litterarum studia adulescentiam agunt, senectutem oblectant.
Nach Cicero Arch. p. 16

Bemühen um Bildung spornt die Jugend an und erfreut das Alter.

Litterarum radices amarae, fructus dulces.
Nach Cicero frg. 1, 18

Die Wurzeln der Bildung sind bitter, ihre Früchte süß.

Multi mortales dediti ventri atque somno indocti incultique vitam sicuti peregrinantes transigere.
Sallust Cat. 2, 8

Viele Menschen gehen, nur dem Bauch und dem Schlafe ergeben, ohne Wissen und Bildung wie Reisende durch ihr Leben.

Qui stultis videri eruditi volunt, stulti eruditis videntur.
Quintilian inst. or. X 7, 21

Wer für Dumme gebildet erscheinen will, erscheint Gebildeten als dumm.

BUCH

Cum libellis mihi plurimus sermo est.
Seneca ep. 67, 2

Mit Büchern unterhalte ich mich am meisten.

Distringit librorum multitudo; itaque cum legere non possis, quantum habueris, satis est habere, quantum legas.
Seneca ep. 2, 3

Eine Menge von Büchern lenkt ab; da du ja nicht so viele lesen kannst, wie du besitzt, reicht es aus, so viele zu haben, wie du lesen kannst.

Liber, ut factum ipsum, manet, manebit legeturque semper, tanto magis, quia non statim.
Plinius ep. IX 27, 2

Ein Buch hat Bestand wie die Tatsachen selbst, es wird Bestand haben und stets gelesen werden, und zwar umso mehr, wenn es nicht sofort geschieht.

Libri magistri, libri amici.
Nach Cicero fam. IX 1, 2

Bücher sind Lehrer, Bücher sind Freunde.

Libri muti magistri sunt.
Nach Gellius XIV 2, 1

Bücher sind stumme Lehrer.

Mihi omne tempus est ad meos libros vacuum, numquam sunt illi occupati.
Cicero rep. I 14

Für meine Bücher finde ich immer Zeit; sie sind für mich immer zu sprechen.

Multa magis quam multorum lectione formanda mens.
Quintilian inst. or. X 1, 59

Um sich zu bilden, sollte man eher vieles als die Bücher vieler Autoren lesen.

Non refert, quam multos libros, sed quam bonos habeas.
Nach Seneca ep. 45, 1

Es kommt nicht darauf an, wie viele, sondern wie gute Bücher man besitzt.

Nullus est liber tam malus, ut non aliqua parte prosit.
Nach Plinius ep. III 5, 10

Kein Buch ist so schlecht, dass es nicht in irgendeiner Hinsicht nützlich wäre.

Quo innumerabiles libros et bibliothecas, quarum dominus vix tota vita indices perlegit?
Seneca tr. an. 9

Wozu unzählige Bücher und Bibliotheken, von denen sich ihr Besitzer in seinem ganzen Leben kaum die Titel durchlesen kann?

BUSINESS

Ad suom quemque hominem quaestum esse aequomst callidum.
Plautus Asin. 186

Es ist in Ordnung, dass jeder sein Gewerbe zum eigenen Vorteil betreibt.

B

Dimissum quod nescitur, non amittitur.

Publilius Syrus

Ein Verlust, von dem man nichts weiß, ist kein Verlust.

Invendibili merci oportet ultro emptorem adducere; proba merx facile emptorem reperit, tametsi in abstruso sita est.

Plautus Poen. 341 f.

Für eine unverkäufliche Ware muss man selbst einen Käufer besorgen; eine ordentliche Ware findet ihren Käufer, auch wenn sie im Verborgenen liegt.

Lucrum gaudium.

Corpus Inscriptionum Latinarum X 875

*Profit macht Spaß.**
*(*Pompejanisches Graffito)*

Neu credas ponendum aliquid discriminis inter / unguenta et corium: lucri bonus est odor ex re / qualibet.

Juvenal XIV 203 ff.

Glaub nicht, du müsstest einen Unterschied machen zwischen / Salben und Leder. Der Geruch des Profits ist gut, / egal was du verkaufst.

Pretium rei cuiusque pro tempore est. Cum bene ista laudaveris, tanti sunt, quanto pluris venire non possunt.

Seneca ben. VI 15, 4

Der Preis einer jeden Sache richtet sich nach der Situation. Wenn du deine Waren ordentlich anpreist, erzielst du den höchstmöglichen Preis.

Salve, lucrum!

Corpus Inscriptionum Latinarum X 874

*Willkommen, Gewinn!**
*(*Pompejanisches Graffito)*

Si quis quid reddit, magna habendast gratia.

Terenz Phorm. 56

Wenn einer etwas zurückzahlt, muss man ausgesprochen dankbar sein.

Ubi periculum, ibi lucrum.

Codex Iustinianus VI 2, 22, 30

Wo Risiko ist, da ist Gewinn.

CONDICIO HUMANA

Ad hoc sacramentum adacti sumus ferre mortalia nec perturbari iis, quae vitare non est nostrae potestatis. In regno nati sumus, deo parere libertas est.

Seneca vita beata 15, 7

Wir sind auf diesen Fahneneid verpflichtet: Unser Dasein als Sterbliche zu ertragen und uns durch nichts beirren zu lassen, dem zu entgehen nicht in unserer Macht steht. Wir sind zum Herrschen geboren, der Gottheit zu gehorchen bedeutet Freiheit.

Di nos quasi pilas homines habent.

Plautus Capt. 22

Die Götter haben uns Menschen wie Spielbälle in der Hand.

Hominem memento esse!

Tertullian apol. 33, 4

Denk daran: Du bist nur ein Mensch!

Homines sumus, non dei.

Petron 75, 1

Wir sind Menschen, keine Götter.

Homo bulla.

Varro r.r. I 1, 1

Der Mensch ist eine Luftblase.

Homunculi quanti sunt, quom recogito!

Plautus Capt. 51

Wie klein sind doch die Menschlein, wenn ich's recht bedenk!

Humanae res fluxae et mobiles semper in adversa mutantur.

Sallust Jug. 104, 2

Die menschlichen Dinge sind im Fluss und in Bewegung; stets können sie ins Gegenteil umschlagen.

Humanius est deridere vitam quam deplorare.

Seneca tr. an. 15, 2

Dem Menschen entspricht es eher, das Leben zu belachen als zu beweinen.

C

Ita vita hominum, quasi quom ludas tesseris: / si illud, quod maxime opus est, iactu non cadit, / illud, quod cecidit forte, id arte ut corrigas.

Terenz Ad. 739ff.

Das Leben der Menschen ist mit einem Würfelspiel vergleichbar: / Wenn das, was man ganz dringend braucht, beim Würfeln nicht fällt, / muss man das, was durch den Zufall gefallen ist, durch menschlichen Einfallsreichtum korrigieren.

Mortalium rerum misera beatitudo.

Boethius II 4

Die Situation der Menschen: Unglück im Glück.

Non est ad astra mollis e terris via.

Seneca Herc. fur. 437

Von der Erde aus führt kein bequemer Weg zu den Sternen.

Non omnia possumus omnes.

Vergil buc. VIII 63

Alle können nicht alles.

Omnia humana tenui pendent filo.

Ovid ep. ex Ponto IV 3, 35

Alles Menschliche hängt an einem dünnen Faden.

Omnis vita servitium est.

Seneca tr. an. 1, 4

Das ganze Leben ist Knechtschaft.

Profecto enim vita vigilia est.

Plinius NH IV 18

Tatsächlich nämlich heißt leben: wachsam sein.

Quis scit, an adiciant hodiernae crastina summae / tempora di superi?

Horaz c. IV 7, 17f.

Wer weiß schon, ob die Götter der heute erreichten Summe / weitere Zeit hinzufügen?

Quo fata trahunt retrahuntque, sequamur; / quidquid erit, superanda omnis fortuna ferendo est.

Vergil Aen. V 709 f.

Wohin uns das Schicksal in wechselnder Richtung führt, dahin wollen wir folgen; / was auch geschieht, jedes Schicksal ist durch Ertragen zu meistern.

Ut sunt humana, nihil est perpetuum.

Plautus Cist. 194

Wie die menschlichen Dinge so sind, hat nichts Bestand.

Vita fert.

Cicero Att. XIII 32, 4

Das Leben bringt es so mit sich. (So ist das Leben.)

Vita humana prope uti ferrum est: si exerceas, conteritur; si non exerceas, robigo interficit.

Cato bei Gellius XI 2

Das menschliche Leben ist ungefähr so wie Eisen: Nutzt du es, so verbraucht es sich; nutzt du es nicht, so tötet es der Rost.

Vivere, Lucili, militare est.

Seneca ep. 96, 5

Leben, mein Lucilius, heißt kämpfen.

DENKEN

Cogitationis poenam nemo patitur.
Digesta XLVIII 19, 1, 18

Für das, was er denkt, wird niemand bestraft.

Hominis mens discendo alitur et cogitando.
Cicero off. I 105

Der Geist des Menschen nährt sich vom Lernen und Denken.

In civitate libera lingua mensque liberae esse debent.
Nach Sueton Tib. 28

In einem freien Staat müssen Sprechen und Denken frei sein.

Liberae sunt nostrae cogitationes.
Cicero Mil. 79

Unsere Gedanken sind frei.

Mora cogitationis diligentia est.
Publilius Syrus

Zeitverlust beim Denken bedeutet Umsicht.

Nemo doctus umquam mutationem consilii inconstantiam dixit esse.
Cicero Att. XVI 7, 3

Kein gebildeter Mensch hat einen Meinungswandel je als Zeichen von Unbeständigkeit gewertet.

Quot homines, tot sententiae.
Terenz Phorm. 454

So viele Menschen, so viele Meinungen.

Sapiens contra omnes arma fert, cum cogitat.
Publilius Syrus

Der Weise kämpft gegen alle, wenn er denkt.

Stultum est dicere: non putarem.
Cicero off. I 81

Es ist töricht zu sagen: Das hätte ich nicht gedacht.

Turpe est aliud loqui, aliud sentire.
Seneca ep. 24, 9

Es ist schändlich, das eine zu sagen und das andere zu denken.

DUMMHEIT

D

Cuiusvis hominis est errare, nullius nisi insipientis in errore perseverare.

Cicero Phil. XIII 34

Jeder Mensch kann irren, aber nur der Dumme verharrt in seinem Irrtum.

Di immortales, homini homo quid praestat! Stulto intellegens quid interest!

Terenz Eun. 232

Große Götter, wie sehr ist der eine Mensch dem anderen überlegen! Was für ein Unterschied besteht zwischen Dummen und Klugen!

Dum vitant stulti vitia, in contraria currunt.

Horaz sat. I 2, 24

Indem die Dummen den einen Fehler vermeiden wollen, stürzen sie sich in den gegenteiligen.

Est proprium stultitiae aliorum vitia cernere, oblivisci suorum.

Cicero Tusc. III 73

Es ist ein Zeichen von Dummheit, die Fehler der anderen zu erkennen, an die eigenen aber nicht zu denken.

Eventus stultorum magister est.

Livius XXII 39, 10

Das Ergebnis ist der Lehrmeister der Dummen.

Minus enim stultus est is, cui nihil in mentem venit, quam ille, qui, quod stulte alteri venit in mentem, comprobat.

Cicero Cluent. 84

Weniger dumm ist der, dem selbst nichts einfällt, als der, der gut findet, was einem anderen törichterweise in den Sinn gekommen ist.

Nemo mortalium omnibus horis sapit.

Plinius NH VII 131

Kein Mensch ist zu jeder Stunde verständig.

Neque habet plus sapientiae quam lapis.

Plautus Mil. glor. 236

Er hat nicht mehr Verstand als ein Stein.

Nescit, quot digitos habeat in manu.
Plautus Persa 187

Er weiß nicht einmal, wie viele Finger er an der Hand hat.

D

Praeter speciem stultus est.
Plautus Most. 965

Er ist dümmer, als er aussieht.

Stultitiam patiuntur opes.
Horaz epist. I 18, 29

Reichtum kann sich Dummheit leisten.

Stultum est dicere »putabam«.
Publilius Syrus

Dumm ist es zu sagen: »Ich dachte …«

Stultum facit fortuna, quem vult perdere.
Publilius Syrus

Dumm macht das Schicksal den, den es zugrunde richten will.

DURCHHALTEVERMÖGEN

Durate et vosmet rebus servate secundis.
Vergil Aen. I 207

Haltet durch und bewahrt euch selbst für glücklichere Zeiten!

Leve fit, quod bene fertur onus.
Ovid am. I 2, 10

Leicht wird eine Last, die man geduldig trägt.

Perfer et obdura!
Ovid AA II 178

Ertrage es und halte durch!

Perfer et obdura, multo graviora tulisti.
Ovid trist. V 11, 7

Ertrage es und halte durch – du hast schon weit Schlimmeres ertragen.

Sustine et abstine!
Gellius XVII 19, 6

Halte es aus und halte dich fern!

EHE

E

Argentum accepi, dote imperium vendidi.

Plautus Asin. 87

Ich habe das Geld genommen, meine Autorität gegen die Mitgift verkauft.

Dos est uxoria lites.

Ovid AA II 155

Die Mitgift der Frau heißt Streit.

Intolerabilius nihil est quam femina dives.

Juvenal VI 460

Es gibt nichts Unerträglicheres als eine reiche Frau.

Melius nil caelibe vita.

Horaz epist. I 1, 88

Es gibt nichts Besseres als das Junggesellen-Dasein.

Nusquam libertas tam necessaria est quam in matrimonio.

Quintilian decl. 257

Nirgendwo ist die Freiheit so notwendig wie in der Ehe.

Perenne coniugium animus, non corpus facit.

Publilius Syrus

Eine Ehe auf Dauer schließt das Herz, nicht der Körper.

Prima societas in ipso matrimonio est.

Cicero off. I 54

Der erste Schritt zur Gesellschaftsbildung liegt gerade in der Ehe.

Semper habet lites alternaque iurgia lectus, / in quo nupta iacet; minimum dormitur in illo.

Juvenal VI 268 f.

Stets hält Streit und gegenseitige Vorwürfe bereit das Bett, / in dem die Ehefrau liegt; in ihm kommt man am wenigsten zum Schlaf.

Si cuivis apte nubere, nube pari!

Ovid Her. IX 32

Wenn du dich passend verheiraten willst, heirate deinesgleichen!

Si quietem mavis, duc uxorem parem.
Quintilian decl. 305

Wenn du die Ruhe vorziehst, heirate eine, die dir gleich ist.

Sit non doctissima coniux.
Martial II 90, 7

Die Ehefrau sollte nicht besonders gebildet sein.

E

Viri in eo culpa, si femina modum excedit.
Nach Tacitus ann. III 34

Häufig ist es die Schuld des Mannes, wenn die Frau über die Stränge schlägt.

EHRLICHKEIT

Ad perniciem solet agi sinceritas.
Phaedrus IV 13, 3

Ehrlichkeit endet meist im Verderben.

Frons est animi ianua.
Nach Cicero comm. pet. 44

Die Stirn ist die Schwelle zum Herzen.

Imago animi vultus, indices oculi.
Cicero de or. III 221

Die Miene ist Abbild des Inneren, die Augen seine Zeichen.

In oculis animus habitat.
Plinius ep. XI 54, 4

In den Augen wohnt die Seele.

Vultus certissima pignora mentis.
Ovid ep. ex Ponto III 4, 27

Der Gesichtsausdruck ist die sicherste Garantie des Denkens.

EIGENLIEBE

Auctor opus laudat.
Ovid ep. ex Ponto III 9, 9

Jeder Urheber lobt sein Werk.

Caecus amor sui.
Horaz c. I 18, 14

Blinde Selbstliebe.

Ego mihi melius esse malo quam alteri.

Terenz Andr. 427

Ich will, dass es mir besser geht als einem anderen.

Omnes sibi malunt melius quam alteri.

Nach Terenz Andr. 426 f.

Alle meinen es mit sich selbst besser als mit den anderen.

Proxumus sum egomet mihi.

Nach Terenz Andr. 636

Ich bin mir selbst der Nächste.

Sui amans sine rivali.

Cicero Qu. fr. III 6, 4

Wer sich selbst liebt, hat keinen Nebenbuhler.

Suum cuique placet.

Plinius NH XIV 10

Das Eigene gefällt einem jeden.

Suus rex reginae placet.

Plautus Stich. 133

Ihr eigener König gefällt der Königin.

Tunica propior pallio est.

Plautus Trin. 1154

Das Hemd ist näher als der Mantel.

EINTRACHT, EINIGKEIT

Adversus consentientes nullus rex satis validus est.

Livius XXXIV 49, 9

Gegenüber Untertanen, die sich einig sind, reicht keines Königs Macht aus.

Concordia discors.

Horaz epist. I 12, 19

Zwietracht in der Eintracht.

Concordia res parvae crescunt, discordia maximae dilabuntur.

Sallust Jug. 10, 6

Durch Eintracht wächst das Kleine, durch Zwietracht geht selbst das Größte zugrunde.

Concordia res est in rebus maxime adversis utilis.

P. Licinius

Einigkeit ist in größtem Unglück etwas Nützliches.

Ex pluribus unum.

Augustin conf. IV 8, 13

Aus mehreren zu einem.

Ibi semper est victoria, ubi concordia est.

Publilius Syrus

Dort ist stets der Sieg, wo Einigkeit herrscht.

EITELKEIT

O curas hominum! O quantum est in rebus inane!

Persius I 1

Ach, was haben die Menschen für Sorgen! Wie viel Eitelkeit ist in der Welt!

Spectatum veniunt, veniunt, spectentur ut ipsae.

Ovid AA I 99

Sie (die Frauen) kommen, um zu sehen; sie kommen, um selbst gesehen zu werden.

ENDE

Exitus in dubio est.

Ovid Met. XII 522

Der Ausgang ist zweifelhaft.

Finis coronat opus.

Nach Ovid Her. II 85

Das Ende krönt das Werk.

Iam finis erat.

Vergil Aen. I 223

Schon war das Ende da.

Operis victoria finis.

Ovid Met. VI 82

Das Ende der Arbeit ist der Sieg.

Quemadmodum coepit, sic desinet.

Seneca ep. 9, 8

Wie er begonnen hat, so wird er aufhören.

E

ERFAHRUNG

Adeo adversus experimenta pertinaces sumus, ut naufragi maria repetamus.

Seneca ben. I 1, 10

Wir sind gegenüber Erfahrungen so uneinsichtig, dass wir uns nach einem Schiffbruch wieder auf das Meer begeben.

Crede experto!

Silius Italicus VII 395

Glaube einem, der die Erfahrung gemacht hat!

Discipulus est prioris posterior dies.

Publilius Syrus

Das Morgen ist der Schüler des Heute.

Est rerum omnium magister usus.

Caesar BC II 8, 3

Erfahrung ist in allen Dingen der Lehrmeister.

Experientia docet.

Nach Tacitus hist. 5, 6

Erfahrung lehrt.

Experti scire debemus.

Cicero Milo 69

Wir müssen das aus Erfahrung wissen.

Experto credite!

Vergil Aen. XI 283

Glaubt einem, der es selbst erfahren hat!

Expertus dico.

Properz II 34, 3

Ich spreche aus Erfahrung.

Expertus metuit.

Horaz epist. I 18, 87

Der Erfahrene hat Bedenken.

Per varios usus artem experientia fecit.

Manilius I 61

Durch vielerlei Anwendungen hat die Erfahrung eine Kunst geschaffen.

Seris venit usus ab annis.

Ovid Met. VI 29

Erfahrung kommt mit den späten Jahren.

E

Usu peritus hariolo veracior.

Phaedrus III 3, 1

Der Erfahrene ist glaubwürdiger als der Wahrsager.

Usus efficacissimus rerum omnium magister.

Nach Plinius NH XXVI 11

Erfahrung ist der wirksamste Lehrmeister in allen Dingen.

Usus et experientia dominantur in artibus.

Columella I 1, 16

Erfahrung und Erprobung sind das Wichtigste bei jeder Kunst.

Usus magister egregius.

Plinius ep. I 20, 12

Erfahrung ist ein hervorragender Lehrmeister.

Usus magister est optimus.

Cicero Rab. 9

Erfahrung ist der beste Lehrmeister.

Vivere si recte nescis, decede peritis!

Horaz epist. II 2, 213

Wenn du nicht richtig zu leben verstehst, so weiche den Erfahrenen!

Vos ego nunc moneo; felix, quicumque dolore / alterius disces posse avere tuo.

Tibul III 6, 43f.

Dies ist meine Ermahnung an euch: Glücklich jeder, der du vom Schmerz eines anderen lernen wirst, eigenem Schmerz zu entgehen.

ERFINDUNG

E

Magni viri non inventa nobis reliquerunt, sed quaerenda.

Seneca ep. 45, 4

Bedeutende Köpfe haben uns nicht Erfindungen hinterlassen, sondern Fragestellungen, denen wir nachgehen müssen.

Nihil est simul et inventum et perfectum.

Cicero Brut. 71

Keine Erfindung ist sofort perfekt.

Nihil est tam difficile et arduum, quod non humana mens vincat.

Seneca ira II 12, 3

Nichts ist so schwierig und mühevoll, dass der menschliche Geist es nicht bewältigen könnte.

Nil tam difficile est, quin quaerendo investigari possiet.

Terenz Heaut. 675

Nichts ist so schwierig, als dass man ihm nicht durch gründliches Forschen auf den Grund käme.

Non satis magnam homines tribuunt inventoribus gratiam.

Nach Cicero fin. IV 13

Die Menschen zollen den Erfindern nicht hinreichend großen Dank.

Numquam invenietur, si contenti fuerimus inventis.

Seneca ep. 33, 10

Es wird keine Erfindungen geben, wenn wir uns mit dem Erfundenen zufrieden geben.

Plurimum ad inveniendum contulit, qui speravit posse reperiri.

Seneca NQ VI 5, 2

Am meisten trägt zu Erfindungen bei, wer die Hoffnung hat, Erfindungen machen zu können.

ERFOLG

Consilium rerum omnium sapiens, non exitum spectat. Initia in potestate nostra sunt, de eventu fortuna iudicat.

Seneca ep. 14, 15

In allen Angelegenheiten schaut der Weise auf die Absicht und Überlegung, nicht auf den Erfolg. Der Anfang steht in unserer Macht, über den Ausgang urteilt das Schicksal.

E

Eventus hoc docet.

Livius XXII 39, 10

Das lehrt der Erfolg.

Exitus acta probat.

Ovid Her. II 85

Der Erfolg rechtfertigt, was man getan hat.

Fere tristitia sequitur, si aut non successit aut successus pudet.

Seneca tr. an. 12

Fast immer folgt Trübsal, wenn man entweder keinen Erfolg gehabt hat oder sich für seinen Erfolg schämt.

Hunc laborem sumas, laudem qui tibi et fructum ferat.

Lucilius

Nimm die Mühe auf dich, die dir Ruhm und Erfolg einbringt.

Nil sine magno / vita labore dedit mortalibus.

Horaz sat. I 9, 59f.

Nichts hat das Leben den Menschen ohne große Mühe gegeben.

Non potest fieri, ut non aliquando succedat multa temptanti.

Seneca ep. 29, 2

Wer vieles versucht, dem muss notwendigerweise einmal Erfolg beschieden sein.

Prospera omnes sibi vindicant, adversa uni imputantur.

Tacitus Agric. 27, 1

Erfolge beanspruchen alle für sich, Misserfolge werden einem Einzelnen angelastet.

Successus ad perniciem multos devocat.

Phaedrus III 5, 1

Erfolg führt viele ins Verderben.

Successus improborum plures allicit.

Phaedrus II 3, 7

Der Erfolg der Bösen lockt weitere Böse an.

E

Veni, vidi, vici.

Caesar bei Suet. Caesar 37

Ich kam, sah und siegte.

Vincere scis, Hannibal, victoria uti nescis.

Livius XXII 51, 4

Zu siegen verstehst du, Hannibal, aber nicht, den Sieg zu nutzen.

ERINNERUNG

Cui dolet, meminit.

Cicero Mur. 42

Wem es wehtut, der erinnert sich daran.

Dediscit animus sero, quod didicit diu.

Seneca Troad. 633

Erst spät verlernt der Geist, was er lange erlernt hat.

Iucunda memoria est praeteritorum malorum.

Cicero fin. II 105

Angenehm ist die Erinnerung an vergangene Übel.

Meminisse iuvabit.

Nach Vergil Aen. I 203

Es wird hilfreich sein, sich daran zu erinnern.

Memoria beneficiorum fragilis, iniuriarum tenax.

Seneca prov. 6

Die Erinnerung an empfangene Wohltaten ist zerbrechlich, die an erlittenes Unrecht hartnäckig.

Memoriae minimum tribuit, quisquis spei plurimum.

Seneca ben. III 4, 2

Wer der Hoffnung sehr viel Raum gibt, gibt der Erinnerung sehr wenig.

Quae fuit durum pati, meminisse dulce est.

Seneca Herc. fur. 656 f.

Was zu erleiden hart war, ist in der Erinnerung süß.

ERKENNTNIS, SELBSTERKENNTNIS (WISSEN)

Cognitionem rerum aut occultarum aut admirabilium ad beate vivendum necessariam ducimus.

Cicero off. I 13

Wir halten die Erkenntnis von verborgenen und erstaunlichen Dingen für notwendig, um glücklich zu leben.

E caelo descendit *gnothi seauton;* / figendum et memori tractandum pectore.

Juvenal XI 27 f.

Aus dem Himmel stieg das berühmte »Erkenne dich selbst« herab; / einprägen muss man es sich und sich im Herzen stets daran erinnern.

Felix, qui potuit rerum cognoscere causas!

Vergil georg. II 490

Glücklich der, der den Grund der Dinge erkennen konnte!

Homo ad immortalium cognitionem nimis mortalis est.

Seneca ot. 5

Für die Erkenntnis des Unsterblichen ist der Mensch zu sterblich.

Minime sibi quisque notus est et difficillime de se quisque sentit.

Cicero de or. II 33

Am wenigsten kennt sich jeder selbst und am schwierigsten ist es, über sich selbst zu urteilen.

Natura inest in mentibus nostris insatiabilis quaedam cupiditas veri videndi.

Cicero Tusc. I 2, 44

Es liegt von Natur aus in unserem Geiste eine Art unersättlicher Begierde, die Wahrheit erkennen zu wollen.

E

Natura semina nobis scientiae dedit, scientiam non dedit.
Nach Seneca ep. 120, 4

Die Natur hat uns die Keime der Erkenntnis gegeben, nicht aber die Erkenntnis selbst.

Nemo potest omnia scire.
Varro r.r. II 1

Niemand kann alles wissen.

Nil novit qui aeque omnia.
Varro Sententiae

Nichts weiß, wer alles gleichermaßen weiß.

Nosce te (ipsum)!
Cicero Tusc. I 52

Erkenne dich selbst!

Nulli sapere casu obtigit.
Seneca ep. 76, 5

Niemandem ist es je gelungen, aus Zufall klug zu sein.

Omnes trahimur et ducimur ad cognitionis et scientiae cupiditatem.
Cicero off. I 18

Wir alle werden gezogen und geleitet zur Begierde nach Erkenntnis und Wissen.

Pars sanitatis velle sanari fuit.
Seneca Hippol. 249

Ein Teil der Heilung besteht darin, geheilt werden zu wollen.

Quanti est sapere!
Terenz Eun. 791

Wie viel ist es doch wert, verständig zu sein!

Quanto iuniores, tanto perspicatiores.
Priscian inst. gramm. pr. 1

Je später geboren, umso erkenntnisreicher.

Quicquid bene dictum est ab ullo, meum est.
Seneca ep. 16, 7

Was von irgendjemandem gut gesagt worden ist, gehört zu meinem Besitz.

E

Quid rides? Mutato nomine de te / fabula narratur.

Horaz sat. I 1, 69 f.

Was lachst du? Von dir handelt die Geschichte – nur unter anderem Namen.

Sed nihil dulcius est bene quam munita tenere / edita doctrina sapientum templa serena / despicere unde queas alios passimque videre / errare atque viam palantis quaerere vitae.

Lukrez II 7 ff.

Aber nichts ist süßer, als die heiteren Räume in der Höhe zu bewohnen, / die durch die Lehren der Weisen wohl bewehrt sind, / und von wo man auf die anderen hinabschauen und zusehen kann, wie sie umherirren / und den Weg des Lebens hier und da suchen.

Sine pennis volare haud facile est.

Plautus Poen. 871

Ohne Flügel ist es nicht einfach zu fliegen.

Tecum habita! Noris, quam sit tibi curta supellex!

Persius IV 52

Wohne bei dir! Du weißt wohl, wie knapp dein Hausrat ist.

Ut nemo in sese temptat descendere, nemo, / sed praecedenti spectatur mantica tergo!

Persius IV 23 f.

Wie doch keiner versucht, in sich selbst zu gehen – keiner! / Aber den Höcker auf dem Rücken des Vorangehenden – den sieht man.

Veniet tempus, quo posteri nostri tam aperta nos nescisse mirentur.

Seneca NQ VII 25, 5

Es wird die Zeit kommen, da unsere Nachfahren sich wundern, dass wir so Offensichtliches nicht gewusst haben.

Vires nostrae cum rebus, quas temptaturi sumus, comparandae.

Seneca tr. an. 6, 3

Wir müssen unsere Kräfte mit den Vorhaben, die wir in Angriff nehmen wollen, vergleichen.

ESSEN

E

Ante circumspiciendum est, cum quibus edas et bibas, quam quid edas et bibas. Nam sine amico visceratio leonis ac lupi vita est.

Seneca ep. 19, 10

Zunächst musst du dich umsehen, mit wem du isst und trinkst; erst dann, was du isst und trinkst. Denn ohne Freunde ist das Leben eine Abfütterung von Löwe und Wolf.

Cocus domini debet habere gulam.

Martial XIV 220

Der Koch muss die Kehle seines Herrn haben.

Cum sale panis / latrantem stomachum bene leniet.

Horaz sat. II 2, 17f.

Brot mit Salz / wird deinen knurrenden Magen gut besänftigen.

Esse oportet, ut vivas, non vivere, ut edas.

Rhetorica ad Herennium IV 28

Man muss essen, um zu leben, nicht leben, um zu essen.

Magister artis ingenique largitor / venter.

Persius prol. 10

Meister allen Könnens, Schöpfer des Talents: / der Bauch.

Magna cura cibi, magna virtutis incuria.

Ammianus Marcellinus XVI 5, 2

Wo große Sorge dem Essen gilt, kümmert man sich um die Tugend nicht im Geringsten.

Non est ante edendum quam fames imperet.

Seneca ep. 123, 2

Man sollte nicht essen, bevor es der Hunger befiehlt.

Non ut edam, vivo, sed ut vivam, edo.

Quintilian IX 3, 85

Ich lebe nicht, um zu essen, sondern ich esse, um zu leben.

FALSCHHEIT

Falsa tempore et spatio vanescunt.
Nach Tacitus ann. II 82, 5

Falsches verflüchtigt sich mit der zeitlichen Entfernung.

Fere totus mundus exercet histrionem.
Petron frg.

Fast alle Welt schauspielert.

F

Heredis fletus sub persona risus est.
Publilius Syrus

Das Weinen des Erben ist Lachen hinter einer Maske.

Nigrum in candida vertunt.
Juvenal III 30

Sie verdrehen Schwarz in Weiß.

FEHLER

Aliena vitia in oculis habemus, a tergo nostra sunt.
Seneca ira II 28, 8

Fremde Fehler haben wir im Auge, unsere eigenen sind hinter unserem Rücken.

Consueta vitia ferimus, nova reprehendimus.
Publilius Syrus

Fehler, an die wir uns gewöhnt haben, ertragen wir, neue tadeln wir.

Cui peccare licet, peccat minus.
Ovid am. III 4, 9

Wer Fehler machen darf, macht weniger Fehler.

Cuiusvis hominis est errare, nullius nisi insipientis in errore perseverare.
Cicero Phil. XII 5

Jeder Mensch darf sich irren; aber nur Dumme verharren in ihrem Irrtum.

Est proprium stultitiae aliorum vitia cernere, oblivisci suorum.
Cicero Tusc. III 73

Ein Zeichen von Dummheit ist es, die Fehler der anderen zu erkennen, die eigenen aber zu vergessen.

Etiam sine magistro vitia discuntur.

Seneca NQ III 30, 7

Fehler lernt man auch ohne Lehrer.

Iliacos intra muros peccatur et extra.

Horaz epist. I 2, 16

Gesündigt wird innerhalb und außerhalb von Trojas Mauern.

In alio peduclum, in te ricinum non vides.

Petron 57, 7

Bei einem anderen siehst du die kleinste Laus, bei dir selbst aber das größte Ungeziefer nicht.

Initium est salutis notitia peccati.

Seneca ep. 28, 9

Der Anfang der Gesundung ist die Kenntnis des Fehlers.

Nam vitiis nemo sine nascitur; optimus ille est, / qui minimis urgetur.

Horaz sat. I 3, 68 f.

Denn niemand wird ohne Fehler geboren; der Beste ist der, / der von nur ganz wenigen belastet wird.

Nemo nostrum non peccat.

Petron 75, 1

Keiner von uns ist ohne Fehler.

Nihil est tam insigne nec tam ad diuturnitatem memoriae stabile quam id, in quo aliquid offenderis.

Cicero de or. I 129

Nichts ist so bekannt und bleibt so lange in Erinnerung wie etwas, bei dem du einen Fehler gemacht hast.

Nihil peccat, nisi quod nihil peccat.

Plinius ep. IX 26, 1

Er macht keinen Fehler – außer dass er keinen Fehler macht.

Non omnis error stultitia dicenda est.

Cicero div. II 90

Nicht jeden Fehler darf man Dummheit nennen.

Nullum vitium est sine patrocinio.
Seneca ep. 116, 2

Kein Fehler ist ohne Verteidiger.

Peras imposuit Iuppiter nobis duas: / propriis repletam vitiis post tergum dedit, / alienis ante pectus suspendit gravem.
Phaedrus IV 10, 1 ff.

Zwei Ranzen hat uns Jupiter auferlegt: / den einen, der mit unseren eigenen Fehlern gefüllt ist, auf den Rücken, / den zweiten mit den Fehlern der anderen vor die Brust.

F

Prima illa et maxima peccantium est poena: peccasse.
Seneca ep. 97, 14

Das ist die erste und größte Strafe für die Sünder: gesündigt zu haben.

Quanto serius peccatur, tanto incipitur turpius.
Publilius Syrus

Je später man anfängt zu sündigen, umso schändlicher sündigt man.

Qui non vetat peccare, cum possit, iubet.
Seneca Troad. 291

Wer Verfehlung nicht verhindert, obwohl er es könnte, fordert dazu auf.

Quidquid multis peccatur, inultum est.
Lucan Phars. V 260

Wo viele sich vergehen, gibt es keine Sühne.

Si quotiens peccant homines sua fulmina mittat Iuppiter, exiguo tempore inermis erit.
Ovid trist. II 33 f.

Sollte Jupiter jedes Mal seine Blitze schleudern, wenn Menschen Fehler machen, wird er bald ohne Waffen dastehen.

Suus cuique attributus est error.
Catull c. 22, 20

Jedem Einzelnen ist sein Fehler zugeteilt.

Uni cuique dedit vitium natura creato.
Properz II 22, 17

Einem jeden Geschöpf hat die Natur seinen eigenen Fehler mitgegeben.

Venia dignus est error humanus.
Nach Livius VIII 35, 2

Ein menschlicher Fehler verdient Nachsicht.

Videre nostra mala non possumus; / alii simul delinquunt, censores sumus.
Phaedrus IIV 10, 4 f.

Unsere eigenen Fehler können wir nicht sehen; / sobald aber andere einen Fehler machen, werfen wir uns zu Kritikern auf.

Vitia erunt, donec homines, sed neque haec continua et meliorum interventu pensantur.
Tacitus hist. IV 74, 2

Fehler wird es geben, solange es Menschen gibt; sie sind aber kein Dauerzustand, sondern werden dadurch aufgewogen, dass bessere Zeiten dazwischentreten.

Vitium omne semper habet patrocinium suum.
Publilius Syrus

Jeder Fehler hat stets seinen Verteidiger.

FRAU

Aperte mala cum est mulier, tum demum bona.
Publilius Syrus

Wenn eine Frau offen schlecht ist, dann erst ist sie gut.

Aut amat aut odit mulier; nihil est tertium.
Publilius Syrus

Entweder liebt oder hasst die Frau; ein Drittes gibt es bei ihr nicht.

Casta est, quam nemo rogavit.
Ovid am. I 8, 43

Keusch ist die Frau, die niemand begehrt hat.

Femina mobilior ventis.
Calpurnius Siculus III 10

Die Frau ist launischer als der Wind.

Intolerabilius nihil est quam femina dives.
Publilius Syrus

Es gibt nichts Unerträglicheres als eine reiche Frau.

Malo in consilio feminae vincunt viros.

Publilius Syrus

In Arglist sind Frauen Männern überlegen.

Mulier malum necessarium.

sehr frei nach Gellius I 6, 2

Die Frau ist ein notwendiges Übel.

F

Mulier profecto natast ex ipsa Mora.

Plautus mil. glor. 1292

Ohne Zweifel: Die Frau ist die Tochter der Verspätung.

Mulier recte olet, ubi nihil olet.

Plautus Most. 273

Gut riecht die Frau, wenn sie nach nichts riecht.

Mulierem ornat silentium.

Servius ad Aen. I 561

Schweigen ist der Frauen Zier.

Multa sunt mulierum mala; sed hoc e multis maximum est, / cum sibi nimis placent, nimisque operam dant, ut placeant viris.

Plautus Poen. 1203

Zahlreich sind die Fehler der Frauen; von den vielen aber ist dies der größte: / Wenn sie sich selbst zu sehr gefallen, geben sie sich zu viel Mühe, auch den Männern zu gefallen.

Praecipue multivola est mulier.

Catull c. 68, 128

In besonderer Weise unbeständig ist die Frau.

Pulchrum sane aurum, sed femina pulchrior auro.

Venantius Fortunatus c. IV 4, 14

Gewiss, das Gold ist schön; aber schöner noch als Gold ist die Frau.

Varium et mutabile semper / femina.

Vergil Aen. IV 569 f.

Ein launisches und wankelmütiges Ding ist / die Frau.

Vitium uxoris aut tollendum aut ferendum est. Qui tollit, uxorem commodiorem praestat; qui fert, sese meliorem facit.

Varro sat.

Fehler einer Frau muss man entweder abschaffen oder ertragen. Wer sie abschafft, macht die Frau umgänglicher, wer sie erträgt, macht sich selbst zum besseren Menschen.

FREIHEIT

Cogi qui potest, nescit mori.

Seneca Herc. fur. 426

Wer sich zwingen lässt, weiß nicht zu sterben.

Libertas et speciosa nomina praetextuntur; nec quisquam alienum servitium et dominationem sibi concupivit, ut non eadem ista vocabula usurparet.

Tacitus hist. IV 73, 3

Freiheit und andere klingende Bezeichnungen dienen nur als Vorwand; und noch nie hat jemand die Versklavung und Beherrschung fremder Völker für sich angestrebt, ohne eben diese Begriffe zu gebrauchen.

Libertas omnibus rebus favorabilior est.

Gaius Inst. I 122

Freiheit ist erstrebenswerter als alle anderen Güter.

Mihi res, non me rebus subiungere conor.

Horaz epist. I 1, 19

Ich versuche, mir die Dinge untertan zu machen, nicht mich den Dingen.

Non potest gratis constare libertas. Hanc si magno aestimas, omnia parvo aestimanda sunt.

Seneca ep. 104, 34

Freiheit kann es nicht zum Nulltarif geben. Wenn du sie hoch schätzt, musst du alles andere für gering erachten.

Omnes homines natura libertati student et condicionem servitutis oderunt.

Nach Caesar BG III 10, 3

Alle Menschen streben von Natur aus nach Freiheit und hassen den Zustand der Sklaverei.

Paucos servitus, plures servitutem tenent.

Seneca ep. 22, 11

Nur wenige hält die Sklaverei, mehr Leute indes halten an der Sklaverei fest.

Pax est tranquilla libertas, servitus postremum malorum omnium non modo bello, sed morte etiam repellendum.

Cicero Phil. II 113

Frieden ist Freiheit in Ruhe, Sklaverei dagegen das schlimmste aller Übel, das man nicht nur mit Krieg, sondern auch mit dem Tode bekämpfen muss.

F

Quid est libertas? Potestas vivendi, ut velis.

Cicero parad. Stoic. V 1, 34

Was Freiheit heißt? Die Möglichkeit, so zu leben, wie man will.

Quid sit libertas, quaeris? Nulli rei servire, nulli necessitati, nullis casibus, fortunam in aequum deducere.

Seneca ep. 51, 9

Was Freiheit ist, fragst du? Keiner Sache, keinem Zwang, keinem Zufall sklavisch dienen und das Schicksal auf die gleiche Stufe mit sich selbst stellen.

Quid tam populare quam libertas?

Cicero leg. agr. II 9

Was ist so volksfreundlich wie die Freiheit?

Rara temporum felicitate, ubi sentire quae velis, et quae sentias dicere licet.

Tacitus hist. I 1, 4

Selten glücklich die Zeit, in der man denken darf, was man will, und sagen darf, was man denkt!

Regnare nolo, liber ut non sim mihi.

Phaedrus III 7, 27

Ich will nicht herrschen, ohne meine eigene Freiheit zu erhalten.

Semper pluris feci ego potioremque habui libertatem quam pecuniam.

Naevius

Stets habe ich die Freiheit höher geschätzt und für wichtiger gehalten als das Geld.

FREIZEIT, MUSSE

F

Beatus ille, qui procul negotiis!

Horaz epod. II 1 f.

Glücklich der, der fern den Geschäften!

Blando … veneno /desidiae virtus paulatim evicta senescit.

Silius Italicus 581 f.

Durch das süße Gift des Nichtstuns wird die Tatkraft allmählich besiegt und wird alt.

Cernis, ut ignavum corrumpant otia corpus, / ut capiant vitium, ni moveantur aquae.

Ovid ep. ex Ponto I 5, 5 f.

Du siehst, wie träge Muße den Körper erschlaffen lässt, / wie Wasser schlecht wird, wenn es nicht bewegt wird.

Cito rumpes arcum, semper si tensum habueris.

Phaedrus III 14, 10

Schnell wirst du den Bogen zerbrechen, wenn du ihn stets gespannt hältst.

Cum dignitate otium.

Cicero Sest. 98

Muße in Würde.

Danda est animis remissio; meliores acrioresque requieti surgent.

Seneca tr. an. 17, 5

Man muss dem Geist Entspannung gönnen; besser und tatkräftiger erheben wir uns, wenn wir ausgeruht haben.

Deus nobis haec otia fecit.

Vergil buc. I 6

Ein Gott hat uns diese Ruhe geschaffen.

Mihi liber esse non videtur, qui non aliquando nihil agit.

Cicero de or. II 24

Mir scheint derjenige nicht frei zu sein, der nicht manchmal auch mal nichts tut.

Nihil agendo homines male agere discunt.

Columella XI 1, 26

Durch Nichtstun lernen die Menschen Schlechtes tun.

Non sum, qui segnia ducam / otia, mors nobis tempus habetur iners.

Ovid ep. ex Ponto I 5, 43 f.

Ich bin keiner, der sich träger Muße hingibt; / Müßiggang erscheint mir wie der Tod.

Numquam minus otiosus sum, quam otiosus, nec minus solus, quam solus.

Cicero off. III 1, 1

Niemals bin ich weniger müßig, als wenn ich Muße habe, niemals weniger allein, als wenn ich allein bin.

F

Otia corpus alunt, animus quoque pascitur illis.

Ovid ep. ex Ponto I 4, 21

Muße nährt den Leib, auch die Seele erquickt sich an ihr.

Otium sine litteris mors est et hominis vivi sepultura.

Seneca ep. 82, 3

Freizeit ohne Literatur bedeutet Tod und Begräbnis bei lebendigem Leib.

O rus, quando te aspiciam! Quandoque licebit / nunc veterum libris, nunc somno et inertibus horis, / ducere sollicitae iucunda oblivia vitae!

Horaz sat. II 6, 60 ff.

Ländliche Flur, wann werde ich dich schauen, wann wird es mir vergönnt sein, / jetzt aus Schriften der Alten und jetzt in träumerischer Muße / süßes Vergessen der Beschwernisse des Lebens zu schlürfen?

Placidum degunt aevum vitamque serenam.

Lukrez II 1090

Ein friedliches Leben verbringen sie und ein heiteres.

Satius est otiosum esse quam nihil agere.

Plinius ep. I 9, 8

Es ist besser, müßig zu sein als nichts zu tun.

Strenua nos exercet inertia.

Horaz epist. I 11, 28

Was uns plagt, ist rastloses Nichtstun.

Vires instigat alitque / tempestiva quies; maior post otia virtus.

Statius silv. IV 4, 33

Rechtzeitiges Ausruhen spornt die Kräfte an und nährt sie; / größer ist die Tatkraft nach der Muße.

FREUDE

Facilius dissimulatur gaudium quam metus.

Nach Tacitus Agric. 43

Freude kann man leichter verbergen als Furcht.

Gaudium non nascitur nisi ex virtutum conscientia.

Nach Seneca ep. 59, 16

Wahre Freude entsteht nur aus dem Bewusstsein der Tugend.

Laetitia vana evadit.

Livius XXIII 12, 12

Die Freude erweist sich als trügerisch.

Omnes tendunt ad gaudium, sed unde stabile magnumque consequantur, ignorant.

Nach Seneca ep. 59, 15

Alle streben zur Freude; aber von wo sie eine stabile und große Freude erlangen können, wissen sie nicht.

Qui sapit, in tacito gaudeat ille sinu.

Tibull IV 13, 8

Wer klug ist, der freue sich still im Herzen.

Sine amore iocisque / nil est iucundum.

Horaz epist. I 6, 65 f.

Ohne Liebe und Fröhlichkeit / gibt es keine Freude.

Ut ex studiis gaudium, sic studia hilaritate proveniunt.

Plinius ep. VIII 19, 2

Wie aus geistiger Beschäftigung Freude erwächst, so ist Heiterkeit für geistige Beschäftigungen förderlich.

Verum gaudium res severa est.

Seneca ep. 23, 4

Wahre Freude ist eine ernste Sache.

FREUNDSCHAFT, FEINDSCHAFT

Amici mores noveris, non oderis.
Publilius Syrus

Den Charakter eines Freundes soll man kennen, nicht hassen.

Amicitiae immortales, inimicitiae mortales esse debent.
Livius XL 46, 12

Freundschaften müssen unsterblich sein, Feindschaften sterblich.

F

Amicum an nomen habeas, aperit calamitas.
Publilius Syrus

Ob du einen wahren Freund oder nur die Bezeichnung besitzt, zeigt sich im Unglück.

An tu civem ab hoste natura ac loco, non animo factisque distinguis?
Cicero parad. Stoic. 29

Unterscheidest du etwa den Freund vom Feinde aufgrund seiner Herkunft und seines Wohnortes, nicht aufgrund seiner Gesinnung und Taten?

Amicus amico.
Plautus mil. glor. 660

Freund dem Freunde.

Amicus certus in re incerta cernitur.
Ennius bei Cicero am. 64

Einen sicheren Freund erkennt man in einer unsicheren Situation.

Amicus est tamquam alter ego.
Nach Cicero am. 80

Ein Freund ist wie ein zweites Ich.

De inimico non loquaris male, sed cogites.
Publilius Syrus

Über einen Feind soll man nicht schlecht reden, wohl aber denken.

Decima hora amicos plures quam prima invenis.
Publilius Syrus

Zur zehnten Stunde findest du mehr Freunde als zur ersten. (*der Zeit der Hauptmahlzeit.)*

F

Diffugiunt cadis cum faece siccatis amici.

Horaz c. I 35, 26

(Falsche) Freunde verflüchtigen sich, sobald die Fässer bis zur Hefe geleert sind.

Donec eris sospes, multos numerabis amicos, / tempora si fuerint nubila, solus eris.

Ovid trist. I 9, 5 f.

Solange es dir gut geht, wirst du viele Freunde zählen, / sind die Zeiten bewölkt, so wirst du allein sein.

Et monere et moneri proprium est verae amicitiae.

Cicero am. 91

Zu ermahnen und sich ermahnen zu lassen gehört zum Wesen wahrer Freundschaft.

Fas est et ab hoste doceri.

Ovid Met. IV 428

Erlaubt ist es, sich auch vom Feind belehren zu lassen.

Firmissima est inter pares amicitia.

Curtius Rufus VII 8, 35

Die festeste Freundschaft besteht zwischen Gleichen.

Habes amicos, quia amicus ipse es.

Plinius Pan. 85, 2

Du hast Freunde, weil du selbst ein Freund bist.

Hi sunt inimici pessumi: fronte hilara, corde tristi.

Caecilius

Das sind die schlimmsten Feinde: Sie zeigen dir ein fröhliches Gesicht, im Herzen aber wollen sie dir übel.

Idem velle atque idem nolle – ea demum firma amicitia est.

Sallust Cat. 20, 4

Dasselbe wollen und dasselbe nicht wollen – das erst ist feste Freundschaft.

In angustiis amici apparent.

Petron 61

In der Not erweist sich, wer ein wahrer Freund ist.

Inimicitiae potentium graves sunt.

Seneca prov. III 14

Feindschaft mit Mächtigen ist eine schwere Bürde.

Leve aes alienum debitorem facit, grave inimicum.
Seneca ep. 19, 11

Kleine Schulden machen einen Menschen zum Schuldner, große zum Feind.

Ne quid expectes amicos, quod tute agere possis.
Ennius

Erwarte nichts von Freunden, was du selbst tun kannst.

F

Pereant amici, dum una inimici intercidant.
Cicero Deiot. 25

Sollen die Freunde zugrunde gehen, wenn nur die Feinde mit ihnen untergehen!

Pestis in amicitia pecuniae cupiditas.
Cicero am. 19

Geldgier ist Gift für eine Freundschaft.

Plerumque in calamitate ex amicis inimici exsistunt.
Caesar BC III 104

Meist werden im Unglück aus Freunden Feinde.

Praestat amicitia propinquitati.
Cicero am. 19

Freundschaft hat Vorrang vor Verwandtschaft.

Quae potest esse vitae iucunditas sublatis amicitiis?
Nach Cicero Tusc. I 14

Was kann das Leben Angenehmes bereithalten, wenn es keine Freundschaft mehr gibt?

Quem felicitas amicum facit, infortunium faciet inimicum.
Boethius III 5

Wen dir das Glück zum Freunde gemacht hat, den wird dir das Unglück zum Feinde machen.

Ruborem amico excutere amicum est perdere.
Publilius Syrus

Einen Freund erröten zu lassen heißt ihn verlieren.

Sine amicitia vita est nulla.
Cicero am. 86

Ohne Freundschaft gibt es kein Leben.

Tacitae magis et occultae inimicitiae timendae sunt quam indictae et apertae.

Cicero Verr. II 5, 182

Stille und verborgene Feindschaften muss man mehr fürchten als erklärte und offene.

Ubi amici, ibidem opes.

Plautus Truc. 885

Wo man Freunde hat, dort hat man Schätze.

Verae amicitiae sempiternae sunt.

Cicero am. 32

Wahre Freundschaften sind ewig.

Vulgare amici nomen, sed rara est fides.

Phaedrus III 9, 1

Die Bezeichnung »Freundschaft« ist weit verbreitet, aber wahre Treue ist selten.

FRIEDEN

At nobis, Pax alma, veni!

Tibull I 10, 67

Doch zu uns komme du, Segen spendender Friede!

Bonis inter se pax est.

Seneca const. sap. 7

Die Guten halten untereinander Frieden.

Candida pax hominem, trux decet ira feras.

Ovid AA III 502

Strahlender Frieden ziemt den Menschen, grimmige Wut den Tieren.

In pace leones, in proelio cervi.

Tertullian cor. 1

Löwen im Frieden, aber Hirsche im Krieg.

Melior tutiorque est certa pax quam sperata victoria; haec in tua, illa in deorum manu est.

Livius XXX 30, 12

Besser und sicherer ist ein Frieden, der gewiss ist, als ein Sieg, auf den man hofft. Das eine liegt in deiner Hand, das andere in der Hand der Götter.

Nutrit pax Cererem, pacis alumna Ceres.

Ovid fast. I 704

Frieden nährt die Landwirtschaft, die Landwirtschaft ist ein Zögling des Friedens.

Pax optima rerum, / quas homini novisse datum est: pax una triumphis / innumeris potior.

Silius Italicus XI 592 ff.

Der Friede ist das Beste, / das zu kennen den Menschen gegeben ist. Ein einziger Frieden / ist mehr wert als unzählige Triumphe.

Si vis pacem, para bellum.

Nach Vegetius epit. 3

Wenn du Frieden willst, rüste dich zum Krieg.

Solitudinem faciunt, pacem appellant.

Tacitus Agric. 30, 4

Sie schaffen eine Einöde und nennen es Frieden.

Victoria pax, non pactione parienda.

Cicero fam. X 5, 1

Der Frieden muss durch einen Sieg, nicht durch Abmachungen errungen werden.

GEDULD

Cuivis dolori remedium est patientia.

Publilius Syrus

Geduld ist die Arznei für jeden Schmerz.

Durum, sed levius fit patientia, / quidquid corrigere est nefas.

Horaz c. I 24, 19 f.

Hart ist's, doch wird es leichter erträglich durch Geduld, / was zu ändern nicht erlaubt ist.

Furor fit laesa saepius patientia.

Publilius Syrus

Zu oft beleidigte Geduld wird zur Wut.

Leve fit, quod bene fertur, onus.

Ovid am. I 2, 10

Leicht wird eine Last, die man gut trägt.

Optimum est pati, quod emendare non possis.

Seneca ep. 107, 9

Es ist das Beste zu erdulden, was man nicht ändern kann.

Patientia animi occultas divitias habet.

Publilius Syrus

Die Geduld hat verborgene Schätze des Geistes.

Patientia pars magna iustitiae est.

Nach Plinius ep. VI 2, 8

Geduld ist ein großer Teil der Gerechtigkeit.

Quid magis est saxo durum? Quid mollius unda? / Dura tamen molli saxa cavantur aqua.

Ovid AA I 475 f.

Was ist härter als Stein? Was weicher als Wasser? / Und doch höhlt weiches Wasser harten Stein aus.

Quousque tandem abutere, Catilina, patientia nostra?

Cicero Cat. I 1

Wie lange noch, Catilina, willst du unsere Geduld missbrauchen?

GEFAHR

Ab homine homini cotidianum periculum.

Seneca ep. 103, 1

Vom Menschen droht dem Menschen jeden Tag Gefahr.

Citius venit periclum, cum contemnitur.

Publilius Syrus

Schneller kommt die Gefahr, wenn man sie missachtet.

Flamma fumo est proxuma.

Plautus Curc. 53

Das Feuer ist dem Rauch ganz nah.

Hannibal ad portas!

Cicero Phil. I 5, 11

Hannibal vor den Toren!

Innocentiae plus periculi quam honoris est.

Sallust Jug. 31, 1

Rechtschaffenheit bringt mehr Gefahr als Ehre.

Latet anguis in herba.

Vergil buc. III 93

Die Schlange liegt im Gras verborgen.

Numquam periclum sine periclo vincitur.

Publilius Syrus

Niemals überwindet man eine Gefahr, ohne ein Risiko einzugehen.

Periculum in mora.

Nach Livius XXXVIII 25, 13

Gefahr im Verzug.

Per varios casus, per tot discrimina rerum …

Vergil Aen. I 204

Durch mancherlei Unglück, durch so viele Gefahren …

Quae nimis apparent retia, vitat avis.

Ovid rem. 516

Netze, die zu offensichtlich daliegen, meidet der Vogel.

Saepe ad retinendam vitam prosunt ipsa pericula.

Quintilian decl. 292

Gerade Gefahren helfen oft dabei, uns das Leben zu bewahren.

Sero in periculis est consilium quaerere.

Publilius Syrus

Zu spät ist es, erst in der Gefahr Rat zu suchen.

Si cadere necesse est, occurrendum discrimini.

Tacitus hist. I 33, 2

Wenn man schon fallen muss, muss man der Gefahr entgegengehen.

Ubi periculum, ibi lucrum.

Codex Iustinianus VI 2, 22, 30

Wo Gefahr, dort Gewinn.

GEFALLEN, GEFÄLLIGKEIT

Beneficium non est, cuius sine rubore meminisse non possum.

Seneca ben. II 8, 2

Das ist kein Gefallen, an den ich nicht denken kann, ohne rot zu werden.

Bis dat, qui dat celeriter.

Publilius Syrus

Doppelt gibt, wer schnell gibt.

Improbus est homo, qui beneficium scit accipere et reddere nescit.

Plantus Pers. 762

Ein schlechter Mensch ist, der es versteht, sich einen Gefallen erweisen zu lassen, ihn aber nicht zu erwidern.

Parva leves capiunt animos.

Ovid AA I 159

Kleine Gefälligkeiten nehmen schlichte Gemüter ein.

Ubicumque homo est, ibi beneficii locus est.

Seneca vita beata 24, 3

Wo immer ein Mensch ist, dort ist der Ort, um jemandem einen Gefallen zu erweisen.

GEIZ

Avarum irritat, non satiat pecunia.
Publilius Syrus

Den Geizigen reizt das Geld, aber es macht ihn nicht zufrieden.

Avarus damno potius quam sapiens dolet.
Publilius Syrus

Ein Geizhals leidet unter einem finanziellen Verlust schwerer als ein Weiser.

G

Avarus nisi cum moritur, nil recte facit.
Publilius Syrus

Der Geizhals macht nichts richtig – außer wenn er stirbt.

Defosso incubat auro.
Vergil georg. II 507

Er liegt auf seinem vergrabenen Gold.

In nullum avarus bonus, sed in se semper pessimus.
Publilius Syrus bei Seneca ep. 108, 9

Niemandem gegenüber ist der Geizhals gut, gegen sich aber ist er am schlechtesten.

Quid avarus? Stultus et insanus.
Horaz sat. II 3, 158f.

Was ist ein Geizhals? Ein Dummkopf und ein Verrückter.

Tam deest avaro, quod habet, quam quod non habet.
Publilius Syrus

Dem Geizigen fehlt das, was er besitzt, ebenso wie das, was er nicht besitzt.

GELASSENHEIT

Feras, non culpes, quod mutari non potest.
Publilius Syrus

Ertrage es und hadere nicht mit dem, was sich nicht ändern lässt.

Nihil tam acerbum est, in quo non aequus animus solacium inveniat.
Seneca tr. an. 10, 4

Nichts ist so bitter, dass ein ausgeglichener Geist darin keinen Trost fände.

Optimum est pati, quod emendare non possis.

Seneca ep. 107, 9

Am besten erträgst du, was du nicht verbessern kannst.

GELD

Circa pecuniam plurimum vociferationis.

Seneca ira III 33

Rund ums Geld gibt es jede Menge Gezänk.

Dat census honores.

Ovid am. III 8, 55

Vermögen bringt Ehren.

Dicite, pontifices, in sacro quid facit nummus?

Persius II 69

Sagt, Priester, was tut Geld an geheiligtem Ort?

Diem, aquam, solem, lunam, noctem – haec argento non emo.

Plautus Amph. 198

Tag, Wasser, Sonne, Mond und Nacht – all das kann ich mit Geld nicht kaufen.

Ergo sollicitae tu causa, pecunia, vitae!

Properz III 7, 1

Du also, Geld, bist der Grund für ein sorgenvolles Leben!

Et genus et formam regina pecunia donat.

Horaz epist. I 6, 37

Adel und Schönheit verleiht das königliche Geld.

Imperat aut servit collecta pecunia cuique.

Horaz epist. I 10, 47

Es gebietet oder dient einem jeden sein angehäuftes Geld.

Miraris, cum tu argento post omnia ponas, / si nemo praestet, quem non merearis, amorem?

Horaz sat. I 1, 86 f.

Du wunderst dich, da du dem Gelde alles andere hintanstellst, / wenn niemand dir Liebe erweist, die du nicht verdienst?

Nihil tam munitum, quod non expugnari pecunia possit.

Nach Cicero Verr. I 2, 4

Nichts ist so gut geschützt, dass es durch Geld nicht erobert werden könnte.

Non nunc de pecunia agitur.

Terenz Heaut. 476

Jetzt geht es nicht ums Geld.

O cives, cives, quaerenda pecunia primum est; / virtus post nummos!

Horaz epist. I 1, 53

Ach Bürger, Bürger! Zunächst heißt es Geld zu machen; / erst kommt das Geld, dann die Tugend!

(Pecunia) non olet.

Nach Sueton Vesp. 23, 3

Geld stinkt nicht.

Pecunia regimen est rerum omnium.

Publilius Syrus

Geld ist der Herrscher über alles.

Pecuniae cunctae sunt difficultates perviae auroque solent adamantinae etiam perfringi fores.

Apuleius Met. IX 18, 2

Geld findet seinen Weg durch alle Schwierigkeiten und Gold bricht sogar Tore aus Stahl auf.

Pecuniam per gulam ventremque transmittere.

Quintilian decl. 260

Das Geld durch Kehle und Bauch jagen.

Ploratur lacrimis amissa pecunia veris.

Juvenal XIII 134

Verlorenes Geld wird mit echten Tränen beweint.

Quisquis habet nummos, secura navigat aura.

Petron 137

Wer Geld besitzt, segelt mit sicherem Wind.

Regina pecunia.
Horaz epist. I 6, 37

Königliches Geld.

Res amicos invenit.
Plautus Stich. 522

Geld findet Freunde.

Unde habeas, quaerit nemo, sed oportet habere.
Juvenal XIV 207

Woher du's hast, fragt keiner, aber haben musst du's.

G

Videte, quaeso, quid potest pecunia.
Plautus Stich. 410

Schaut bitte, was das Geld vermag.

GELEGENHEIT

Certa mittimus, dum incerta petimus.
Plautus Pseud. 685

Sicheres geben wir auf, während wir hinter Unsicherem herjagen.

Deliberando saepe perit occasio.
Publilius Syrus

Wer lange nachdenkt, verpasst oft die Gelegenheit.

Dum licet et spirant flamina, navis eat.
Ovid fast. IV 18

Solange es geht und der Wind bläst, soll das Schiff losfahren.

Fronte capillata, post est occasio calva.
Disticha Catonis II 26, 2

Vorn hat die Gelegenheit Haare, hinten ist sie kahl.

Nunc ipsa vocat res.
Vergil Aen. IX 320

Die Lage selbst verlangt es jetzt.

Occasio aegre offertur, facile amittitur.

Publilius Syrus

Nur schwer kommt die Gelegenheit, leicht aber ist sie vorbei.

Occasionem oblatam tene!

Cicero Phil. III 34

Halte die sich bietende Gelegenheit fest!

Omnium rerum cupido languescit, cum facilis occasio est.

Plinius ep. VIII 20, 1

Das Verlangen nach allen Dingen lässt nach, wenn die Gelegenheit günstig ist.

G

Rapiamus, amici, / occasionem de die!

Horaz epod. 13, 3 f.

Entreißen wir, Freunde, die Gelegenheit dem Tag!

Tu age tuam rem: occasiost.

Plautus Poen. 659

Kümmere du dich jetzt um deine Sache: Die Gelegenheit ist da!

GEMEINSCHAFT

Alteri vivas oportet, si vis tibi vivere.

Seneca ep. 48, 2

Du musst für die anderen leben, wenn du für dich selbst leben willst.

Cohaereamus! In commune nati sumus; societas nostra lapidum fornicationi simillima est, quae casura nisi invicem obstarent.

Seneca ep. 95, 53

Seien wir solidarisch! Wir sind für die Gemeinschaft geboren. Unsere Gemeinschaft gleicht einem Gewölbe aus Steinen, die herunterfallen würden, wenn sie sich nicht gegenseitig stützten.

Inter amicos omnium rerum communitas.

Cicero am. 61

Unter Freunden herrscht Gemeinschaft in allen Dingen.

Membra sumus corporis magni.
Seneca ep. 95, 52

Wir sind Glieder eines großen Körpers.

Nati sumus ad congregationem hominum et ad societatem communitatemque generis humani.
Nach Cicero fin. IV 4

Wir sind für die menschliche Gesellschaft geboren und zur Gemeinschaft und Solidarität aller Menschen.

Nullius boni sine socio iucunda possessio.
Seneca NQ 4 pr.

An keinem Gut hat man Freude, wenn man es mit niemandem teilen kann.

Numquam sumus singuli.
Seneca NQ 4 pr.

Nie sind wir allein.

Ut praeclare scriptum est a Platone, non nobis solum nati sumus, ortusque nostri partem patria vindicat, partem amici.
Cicero off. I 21

Wie Platon zutreffend geschrieben hat, sind wir nicht nur für uns allein geboren: Einen Teil unserer Existenz beansprucht unser Vaterland, einen anderen Teil unsere Freunde.

GENIE

Ingenium misera fortunatius arte.
Horaz AP 295

Es hat keinen bedeutenden Mann ohne eine Art göttlichen Hauch gegeben.

Nemo vir magnus sine aliquo afflatu divino umquam fuit.
Cicero nat. deor. II 167

Noch nie gab es ein Genie ohne Beimischung von Wahnsinn.

Nullum magnum ingenium sine mixtura dementiae fuit.
Seneca tr. an. 17, 10

Kein Jahrhundert ist großen Geistern verschlossen.

Nullum saeculum magnis ingeniis clusum est.

Seneca ep. 102, 22

Genie ist Glück verheißender als mühseliger Kunstfleiß.

Saepe summa ingenia in occulto latent.

Plautus Capt. 165

Oft schlummern große Geister im Verborgenen.

G

GERECHTIGKEIT

Accipiunt oculis superi mortalia iustis.

Ovid Met. XIII 70

Mit den Augen der Gerechtigkeit blicken die Götter auf das Treiben der Menschen.

Bonus atque fidus / iudex honestum praetulit utili.

Horaz c. IV 9, 40 f.

Ein guter und ehrlicher Richter stellt die Pflichterfüllung über den Nutzen.

Discite iustitiam, moniti, nec temere divos!

Vergil Aen. VI 620

Lernt Gerechtigkeit, so seid ermahnt, und achtet die Götter!

Fundamentum est iustitiae fides.

Cicero off. I 23

Treu und Glauben ist das Fundament der Gerechtigkeit.

In iudicando criminosa est celeritas.

Publilius Syrus

Bei der Rechtsprechung ist Schnelligkeit verbrecherisch.

Iudex damnatur, cum nocens absolvitur.

Publilius Syrus

Der Richter verurteilt sich, wenn ein Schuldiger freigesprochen wird.

Iustitia est constans et perpetua voluntas ius suum cuique tribuendi.

Digesta I 3, 18

Gerechtigkeit ist der feste und dauerhafte Wille, einem jeden sein Recht widerfahren zu lassen.

Iustitia in suo cuique tribuendo cernitur.

Nach Cicero fin. V 67

Gerechtigkeit erweist sich darin, dass sie jedem das Seine zuweist.

G

Iustitia nihil expetit praemii.

Cicero leg. I 48

Gerechtigkeit fordert keinen Lohn.

Iustitia omnium est domina et regina virtutum.

Cic. off. III 28

Gerechtigkeit ist die Herrin und Königin aller Tugenden.

Meminerimus autem etiam adversus infimos iustitiam esse servandam.

Cicero off. I 41

Denken wir aber daran, dass Gerechtigkeit auch gegenüber den am niedrigsten Gestellten zu wahren ist.

Nihil honestum esse potest, quod iustitia vacat.

Cicero off. I 62

Nichts kann ehrenhaft sein, was der Gerechtigkeit entbehrt.

Patientia magna pars iustitiae est.

Plinius ep. VI 2, 8

Ein großer Teil von Gerechtigkeit besteht in Geduld.

Raro antecedentem scelestum / deseruit pede Poena claudo.

Horaz c. III 2, 31 f.

Selten nur blieb die Strafe lahmen Fußes hinter dem Verbrecher zurück.

Remota iustitia quid sunt regna nisi magna latrocinia?

Augustin CD IV 4

Was sind (König-)Reiche ohne Gerechtigkeit mehr als große Räuberbanden?

Scientia, quae est remota ab iustitia, calliditas potius quam sapientia est appellanda.

Cicero off. I 63

Wissen, das getrennt ist von Gerechtigkeit, sollte man eher Cleverness als Weisheit nennen.

Vigilavit Iustitiae oculus sempiternus.

Ammianus Marcellinus XXVIII 6, 25

Das ewige Auge der Gerechtigkeit hat gewacht.

G

GESCHENK

Altera manu fert lapidem, panem ostentat altera.

Plautus Aul. 195

In der einen Hand trägt er einen Stein, in der anderen zeigt er ein Brot.

Crede mihi, quamvis ingentia, Postume, dona / auctoris pereunt garrulitate sui.

Martial V 52, 7f.

Glaub mir, Postumus: Auch noch so große Geschenke / verlieren ihren Wert, wenn der Geber ständig darüber schwatzt.

Errat, si quis existimat facilem rem esse donare.

Seneca vita beata 24, 1

Es irrt, wer glaubt, Schenken sei eine einfache Sache.

Munera, crede mihi, capiunt hominesque deosque.

Ovid AA III 653

Geschenke, glaube mir, betören Menschen und Götter.

Multo gratius venit quod facili quam quod plena manu datur.

Seneca ben. I 7, 2

Auf viel größere Dankbarkeit stößt, was mit schneller als was aus voller Hand gegeben wird.

Quisquis magna dedit, voluit sibi magna remitti.

Martial V 59, 3

Wer große Geschenke macht, will große Geschenke zurückbekommen.

Quod voles gratum esse, rarum effice!

Seneca ben. I 14, 1

Willst du ein willkommenes Geschenk machen, so lass es selten sein!

Timeo Danaos et dona ferentes.

Vergil Aen. II 49

Ich fürchte die Danaer, auch wenn sie Geschenke bringen. (*Anspielung auf das Hölzerne Pferd, das die Danaer [= Griechen] den belagerten Trojanern »schenkten«.)*

GESCHICHTE, GESCHICHTSSCHREIBUNG

Ceterum ex aliis negotiis, quae ingenio exercentur, in primis magno usui est memoria rerum gestarum.

Sallust Iug. 4

Von allen geistigen Disziplinen ist die Erinnerung an die Vergangenheit von besonders großem Nutzen.

Historia est testis temporum, lux veritatis, vita memoriae, magistra vitae, nuntia vetustatis.

Cicero de or. II 36

Die Geschichte ist die Zeugin der Zeiten, das Licht der Wahrheit, die lebendige Erinnerung, die Lehrmeisterin des Lebens, die Künderin von alten Zeiten.

Nec debet historia egredi veritatem, et honeste factis veritas sufficit.

Plinius ep. VII 33, 10

Auch die Geschichtsschreibung darf nicht über die Wahrheit hinausgehen und für ehrenhafte Taten reicht die Wahrheit aus.

Nescire autem, quid, antequam natus sis, acciderit, id est semper esse puerum.

Cicero or. 120

Nicht zu wissen, was vor deiner Geburt geschehen ist, heißt immer ein Kind bleiben.

Qui nescit primam esse historiae legem, ne quid falsi dicere audeat? Deinde, ne quid veri non audeat, ne quae suspicio gratiae sit in scribendo, ne quae simultatis?

Cicero de or. II 62

Wer wüsste nicht, dass das erste Gesetz der Geschichtsschreibung darin besteht, keine falsche Aussage zu wagen? Das zweite, keine wahre nicht zu wagen, damit der Schreiber weder in den Verdacht der Sympathie noch in den der Feindschaft kommt?

Sine ira et studio.

Tacitus ann. I 1, 3

Ohne Zorn und Leidenschaft.

GESCHMACK

Non omnes eadem mirantur amantque.

Horaz epist. II 2, 58

Nicht alle bewundern und lieben dasselbe.

Quot capitum vivunt, totidem studiorum / milia.

Horaz sat. II 1, 27f.

So viele Menschen leben, so viele tausend unterschiedliche Vorstellungen gibt es.

Quot homines, tot sententiae: suus cuique mos.

Terenz Phormio 454

So viele Menschen, so viele Meinungen: jeder hat seinen eigenen Kopf.

Suum cuique pulchrum.

Cicero Tusc. V 63

Jedem erscheint das Seine schön.

Te tua, me mea delectant.

Cicero Tusc. V 63

Dir macht das Deine, mir das Meine Freude.

Trahit sua quemque voluptas.

Vergil buc. II 65

Jeden zieht's zu dem, was ihm gefällt.

GESCHWÄTZIGKEIT

Exigua est tribuenda fides, qui multa loquuntur.

Disticha Catonis II 20

Wer viel redet, verdient wenig Glauben.

Fabulae!

Terenz Heaut. 336

Geschwätz!

G

Has poenas garrula lingua dedit.

Ovid. am. II 2, 44

Diese Strafe hat eine geschwätzige Zunge erlitten.

Percontatorem fugito: nam garrulus idem est, / nec retinent patulae commissa fideliter aures, / et semel emissum volat irrevocabile verbum.

Horaz epist. I 18, 69

Meide jeden, der dich ausfragen will; denn der ist auch ein Schwätzer. / Seine breiten Ohren halten das ihnen Anvertraute nicht treu bei sich / und das einmal ausgesprochene Wort schwirrt unwiderruflich durch die Welt.

Nam multum loquaces merito omnes habemur, / nec mutam profecto repertam ullam esse / aut hodie dicunt aut ullo in saeclo.

Plautus Aul. 124

Mit Recht hält man uns (Frauen) für sehr geschwätzig / und angeblich ist man tatsächlich noch auf keine gestoßen, die stumm gewesen wäre – / weder heute noch in aller Ewigkeit.

Tacita est melior mulier semper quam loquens.

Plautus Rud. 1114

Eine Frau, die schweigt, ist stets besser als eine, die redet.

GESETZ

Benignius leges interpretandae sunt, quo voluntas earum servetur.

Digesta I 3, 18

Gesetze müssen eher wohlwollend ausgelegt werden, um ihren Willen zu wahren.

Bonae leges ex malis moribus natae sunt.

Nach Macrobius sat. III 17, 10

Gute Gesetze sind aus schlechten Sitten erwachsen.

Corruptissima res publica, plurimae leges.

Tacitus ann. III 27, 3

Je verdorbener ein Staat, umso mehr Gesetze.

Dissolvitur lex, cum fit iudex misericors.

Publilius Syrus

Das Gesetz wird aufgehoben, wenn der Richter Mitleid empfindet.

Durum hoc est, sed ita lex scripta est.

Digesta XL 9

Das ist zwar hart, aber so steht es im Gesetz geschrieben.

Ibi potest valere populus, ubi leges valent.

Publilius Syrus

Dort kann ein Volk stark sein, wo die Gesetze gesund sind.

Legem brevem esse oportet, quo facilius ab imperitis teneatur.

Seneca ep. 94, 38

Ein Gesetz muss kurz sein, damit es die Laien besser behalten können.

Leges bonae ex malis moribus procreantur.

Macrobius sat. III 17, 10

Gute Gesetze erwachsen aus schlechten Sitten.

Legibus omnes idcirco servimus, ut liberi esse possimus.

Cicero Cluent. 146

Wir alle sind Sklaven der Gesetze, um frei sein zu können.

Lex dura, sed lex.

Digesta XL 9, 12, 1

Ein hartes Gesetz, aber ein Gesetz.

Mens et animus et sententia civitatis posita sunt in legibus.

Cicero Cluent. 146

Verstand, Geist und Denkweise eines Volkes spiegeln sich in seinen Gesetzen.

Nulla lex satis commoda omnibus est.

Livius XXXIV 3, 5

Kein Gesetz macht es allen recht.

G

Optima est legum interpres consuetudo.

Digesta L 3, 37

Die beste Auslegerin der Gesetze ist die Gewohnheit.

Quid faciant leges, ubi sola pecunia regnat?

Petron 14

Was sollen Gesetze bewirken, wo allein das Geld regiert?

Quid leges sine moribus / vanae proficiunt?

Horaz c. III 24, 35 f.

Was nutzen Gesetze, die hohl sind ohne Moral?

Quod non vetat lex, hoc vetat fieri pudor.

Seneca Troad. 334

Was das Gesetz nicht verbietet, verbietet doch das Schamgefühl.

Scire leges non est verba earum tenere, sed vim ac potestatem.

Cicero leg. I 17

Gesetze zu kennen heißt nicht, ihren Wortlaut zu beherrschen, sondern ihre Macht und Kraft.

Silent leges inter arma.

Cicero Mil. 11

Inmitten von Waffen schweigen die Gesetze.

GESUNDHEIT, KRANKHEIT

Aegroto, dum anima est, spes esse dicitur.

Cicero Att. IX 10, 3

Der Kranke hat, solange er noch atmet, Hoffnung – so sagt man.

Bona valetudo iucundior est iis, qui e gravi morbo recreati sunt, quam qui numquam aegro corpore fuerunt.

Cicero p. red. ad Quir. 4

Als größere Lebensqualität empfindet derjenige eine gute Gesundheit, der von einer schweren Krankheit genesen ist, als jemand, der nie krank war.

Bonae valetudinis quasi quaedam mater est frugalitas.

Valerius Maximus II 5, 6

Eine solide Lebensführung ist gewissermaßen die Mutter der Gesundheit.

G

Facile omnes, quom valemus, recta consilia aegrotis damus.

Terenz Andr. 309

Uns allen fällt es, wenn wir gesund sind, leicht, Kranken kluge Ratschläge zu geben.

Facit temperantia bonam valetudinem.

Seneca ep. 14, 15

Maß halten bewirkt gute Gesundheit.

Hanc sanam et salutarem formam vitae tenete, ut corpori tantum indulgeatis, quantum bonae valetudini satis est.

Seneca ep. 8, 5

Diese gesunde und heilsame Lebensform behaltet bei, dass ihr dem Körper nur so weit nachgebt, wie es für eine gute Gesundheit ausreicht.

In morbis nihil est perniciosius quam immatura medicina.

Seneca ad Helv. cons. 1

Bei Krankheiten ist nichts schädlicher als eine vorschnell verabreichte Medizin.

Innumerabiles esse morbos non miraberis: cocos numera!

Seneca ep, 95, 23

Wundere dich nicht über die unendliche Zahl von Krankheiten: zähle die Köche!

Medicus nihil aliud est quam animi consolatio.

Petron 42

Der Arzt ist nichts anderes als ein Seelentrost.

Nec ulla dura videtur curatio, cuius salutaris effectus est.
Seneca ira I 6

Keine Therapie wird als hart empfunden, an deren Ende die Heilung steht.

Nihil aeque sanitatem impedit quam remediorum crebra mutatio.
Seneca ep. 2, 3

Nichts ist der Gesundung so hinderlich wie ein häufiges Austauschen von Arzneien.

G

Nihil magis aegris prodest quam ab eo curari, a quo volunt.
Seneca contr. 4, 5

Nichts nützt Kranken mehr, als von dem behandelt zu werden, von dem sie es wünschen.

Non domus et fundus, non aeris acervus et auri / aegroto domini deduxit corpore febres.
Horaz epist. I 2, 47 f.

Keine Villa und kein Grundbesitz, kein Berg von Geld und Gold / kann das Fieber aus dem kranken Körper des Besitzers entfernen.

Non est vivere, sed valere vita est.
Martial VI 70, 15

Leben heißt nicht, physisch zu existieren, sondern gesund zu sein.

Non omnibus aegris eadem auxilia conveniunt.
Celsus 3, 1

Nicht für alle Kranken taugt die gleiche Medizin.

Orandum est, ut sit mens sana in corpore sano.
Juvenal X 356

Bitten muss man darum, dass ein gesunder Geist in einem gesunden Körper ist.

Valere mavis quam dives esse.
Nach Cicero off. II 88

Du willst lieber gesund sein als reich.

GEWISSEN

Ante conscientiae consulendum est quam famae.
Velleius Paterculus I 2, 115

Man muss sich eher um ein gutes Gewissen als um einen guten Ruf bemühen.

Bona conscientia prodire vult et conspici; ipsas nequitia tenebras timet.

Seneca ep. 97, 12

Ein gutes Gewissen will in die Öffentlichkeit gehen und sich ansehen lassen; Schlechtigkeit fürchtet sogar die Dunkelheit.

Conscia mens recti famae mendacia risit.

Ovid fast. IV 311

Ein Gewissen, das sich des Rechten bewusst ist, lacht über Lügen und Gerüchte.

G

Conscientia mille testes.

Quintilian V 11, 41

Ein gutes Gewissen ist so viel wert wie tausend Zeugen.

Etiam sine lege poena est conscientia.

Publilius Syrus

Auch ohne Gesetz ist das schlechte Gewissen eine Strafe.

Exemplo quodcumque malo committitur, ipsi / displicet: prima haec ultio.

Juvenal XIII 1 f.

Jede Tat, die ein schlechtes Beispiel gibt, / missfällt dem Urheber selbst: Dies ist die erste Strafe.

Grave ipsius conscientiae pondus.

Cicero nat. deor. III 85

Schwer wiegt das Gewicht des Gewissens selbst.

Hic murus aeneus esto: / nil conscire sibi, nulla pallescere culpa.

Horaz epist. I 1, 60

Das sei eine eherne Schutzwand: / Ein reines Gewissen zu haben und nicht wegen einer Schuld zu erbleichen.

Magna vis est conscientiae.

Cicero Mil. 61

Groß ist die Macht des Gewissens.

Mala facinora conscientia flagellantur.

Nach Seneca ep. 97, 15

Schlechte Taten werden vom Gewissen gegeißelt.

Mea mihi conscientia pluris est quam omnium sermo.

Cicero Qu. fr. XII 28, 2

Mein eigenes Gewissen ist mir mehr wert als das Gerede aller anderen.

Multi famam, conscientiam pauci verentur.

Plinius ep. III 20, 9

Viele fürchten einen schlechten Ruf, wenige nur ihr Gewissen.

G

Nullum theatrum virtuti conscientia maius est.

Cicero Tusc. II 64

Für die Tugend gibt es kein größeres Theater als das Gewissen.

O tacitum tormentum animi conscientia!

Publilius Syrus

Ach, welch stille Folter ist ein schlechtes Gewissen!

Si honesta sunt, quae facis, omnes sciant; si turpia, quid referat neminem scire, cum tu scias?

Seneca ep. 43, 5

Wenn dein Tun ehrenhaft ist, sollen alle es wissen, wenn es schimpflich ist, was soll es da für eine Rolle spielen, dass keiner es weiß, da du selbst es doch weißt?

Tam felix utinam quam pectore candidus essem!

Ovid ep. ex Ponto IV 14, 43

Wäre ich nur so glücklich, wie mein Gewissen rein ist!

Tutum aliqua res in mala conscientia praestat, nulla securum.

Seneca ep. 105, 8

Sicherheit gibt irgendein Umstand bei schlechtem Gewissen, keiner aber gibt innere Ruhe.

GEWOHNHEIT

Aegre reprehendas, quod sinas consuescere.

Publilius Syrus

Was man zur Gewohnheit werden lässt, kann man schlecht tadeln.

Consuetudinis magna vis est.
Cicero Tusc. II 40

Die Macht der Gewohnheit ist groß.

Consuetudo concinnat amorem.
Lukrez IV 1275

Gewohnheit bringt Liebe hervor.

Consuetudo quasi altera natura.
Nach Cicero fin. V 74

Gewohnheit ist wie eine zweite Natur.

G

Consuetudo rebus affert constantiam.
Seneca tr. an. 1

Die Gewohnheit bringt Beständigkeit in die Dinge.

Consuetudo sine veritate vetustas erroris est.
Cyprian ep. 74, 9

Eine Gewohnheit ohne Wahrheit ist ein alter Irrtum.

Gravissimum est imperium consuetudinis.
Publilius Syrus

Eine gewaltige Last ist die Macht der Gewohnheit.

Naturale est magis nova quam magna mirari.
Seneca NQ VII 1

Es ist natürlich, eher das Neue als das Bedeutende zu bewundern.

Quod quis crebro videt, non miratur, etiamsi, cur fiat, nescit.
Cicero div. II 49

Was jemand häufig sieht, darüber wundert er sich nicht, auch wenn er nicht weiß, wieso es dazu kommt.

Usus tyrannus.
Nach Horaz AP 71 f.

Die Gewohnheit ist ein Tyrann.

GIER

Amittit merito proprium, qui alienum appetit.

Phaedrus I 4, 1

Mit Recht verliert eigenen Besitz, wer nach Fremdem trachtet.

Amor sceleratus habendi!

Ovid Met. I 131

Verfluchte Habgier!

Auri caecus amor ducit in omne nefas.

Rutilius Namatianus red. I 358

Die blinde Liebe zum Gold führt zu jedem Verbrechen.

Avaritia hominem ad quodvis maleficium impellit.

Auctor ad Herennium II 22

Habgier treibt den Menschen zu jedwedem Verbrechen.

Avaritia vehementissima generis humani pestis.

Seneca cons. ad Helv. 13, 3

Habgier ist die verheerendste Seuche der Menschheit.

Crescit amor nummi, quantum ipsa pecunia crevit.

Juvenal XIV 139

Die Liebe zum Geld wächst, je mehr die Menge an Geld selbst gewachsen ist.

Cupiditati nihil satis est, naturae est etiam parum.

Seneca cons. ad Helv. 10

Der Gier ist nichts genug, der Natur dagegen nichts zu wenig.

Dives qui fieri vult / et cito vult fieri; sed quae reverentia legum, / quis metus aut pudor est umquam properantis avari?

Juvenal XIV 176 ff.

Wer reich werden will, / will es auch rasch werden. Aber welche Achtung vor den Gesetzen, / welche Furcht oder Scham gibt es bei einem, der schnell nach Reichtum giert?

Ea invasit homines habendi cupido, ut possideri magis quam possidere videantur.

Plinius ep. IX 30, 4

Solch eine Besitzgier hat die Menschen ergriffen, dass sie mehr von den Gütern besessen zu sein scheinen, als sie selbst zu besitzen.

Facit quidem avidos nimia felicitas.

Seneca clem. pr. I 7

Zu großes Glück macht die Menschen gierig.

G

Homines quo plura habent, eo cupiunt ampliora.

Justin epit. VI 1, 1

Je mehr die Menschen besitzen, umso mehr wollen sie haben.

Inopiae desunt multa, avaritiae omnia.

Publilius Syrus

Der Armut fehlt es an vielem, der Habgier an allem.

Non qui parum habet, sed qui plus cupit, pauper est.

Seneca ep. 2, 6

Nicht wer zu wenig hat, ist arm, sondern wer noch mehr will.

Omnium vitiorum fundamentum avaritia est.

Seneca contr. exc. 2, 7

Grundlage aller Laster ist die Habgier.

Qui cupiet, metuet quoque; porro / qui metuens vivet, liber mihi non erit umquam. / Perdidit arma, locum Virtutis deseruit, qui / semper in augenda festinat et obruitur re.

Horaz epist. I 16, 65f.

Wer mehr haben will, wird auch mehr fürchten. / Wer aber in Angst lebt, wird mir niemals als freier Menschen gelten. / Die Waffen hat weggeworfen und den Platz der Tugend verlassen, wer / stets nur nach Gelderwerb hastet und sich von ihm erdrücken lässt.

Qui multum habet, plus cupit.

Seneca ep. 119, 6

Wer viel besitzt, verlangt nach mehr.

Quid non mortalia pectora cogis, / auri sacra fames!

Vergil Aen. III 56 f.

Wozu treibst du nicht des Menschen Herz, / verfluchte Gier nach Gold!

Quod latet, ignotum est, ignoti nulla cupido.

Ovid AA III 397

Was verborgen ist, ist unbekannt; auf Unbekanntes richtet sich keine Gier.

Semper avarus eget; certum voto pete finem!

Horaz epist. I 2, 56

Der Habsüchtige leidet immer Mangel; ziehe deinen Wünschen eine klare Grenze!

Semper inops, quicumque cupit.

Claudian Ruf. 1, 200

Arm ist stets, wer noch mehr will.

Sua cuique deus fit dira cupido.

Vergil Aen. IX 185

Einem jeden wird seine verfluchte Gier zum Gott.

GLÜCK, UNGLÜCK

Actutum fortunae solent mutari; varia vitast.

Plautus Truc. 219

Das Glück pflegt rasch zu wechseln, das Leben ist veränderlich.

Ad prosperam adversamque fortunam, qualis sis aut quemadmodum vixeris, nihil interest.

Cicero nat. deor. III 89

Was Glück und Unglück angeht, spielen Charakter und Lebenswandel keine Rolle.

Adversae res admonent religionum.

Nach Livius V 51, 9

Unglück erinnert an die Religion.

Aliud ex alio malum.

Terenz Eun. 987

Ein Unglück nach dem anderen.

Assidua eminentis fortunae comes invidia.

Velleius Paterculus I 9, 6

Neid ist der ständige Begleiter herausragenden Glücks.

Audentis fortuna iuvat.

Vergil Aen. X 284

Das Glück steht denen bei, die etwas wagen.

Beatus dici nemo potest extra veritatem proiectus.

Seneca vita beata 5, 2

Niemand kann glücklich genannt werden, der von der Bahn der Wahrheit geworfen ist.

G

Bene ferre magnam disce fortunam!

Publilius Syrus

Lerne ein großes Glück anständig zu ertragen!

Ea molestissime ferre homines debent, quae ipsorum culpa contracta sunt.

Nach Cicero Quint. fr. I 1, 2

Selbst verschuldetes Unglück können die Menschen am schwersten ertragen.

Crede mihi: miseros prudentia prima relinquit.

Ovid ep. ex Ponto IV 12, 47

Glaube mir: Unglückliche verlässt als Erstes die Klugheit.

Est felicibus difficilis miseriarum vera aestimatio.

Quintilian decl. 9, 6

Wer im Glück lebt, dem fällt eine richtige Einschätzung des Unglücks schwer.

Caesarem vehis Caesarisque fortunam.

Lateinische Übersetzung von Plutarch, Caesar 38, 5; mit diesen Worten wollte Cäsar dem Steuermann seines Schiffes in einem Sturm Mut machen.

Du fährst Cäsar und sein Glück.

Dici beatus ante obitum nemo debet.

Nach Ovid Met. III 136 f.

Niemanden darf man vor seinem Tode glücklich preisen.

Diligitur nemo, nisi cui fortuna secunda est.

Ovid ep. ex Ponto II 3, 23

Keiner wird geliebt, dem das Glück nicht hold ist.

Fortes fortuna adiuvat.

Terenz Phorm. 203

Das Glück ist mit den Tapferen.

G

Fortis animi et constantis est non perturbari in rebus asperis.

Cicero off. I 80

Wesen eines tapferen und standhaften Geistes ist es, sich im Unglück nicht aus dem Gleichgewicht bringen zu lassen.

Fortuna fortes metuit, ignavos premit.

Seneca Med. 159

Die Tapferen fürchtet das Glück, die Feigen drückt es nieder.

Fortuna in omni re dominatur; ea res cunctas ex libidine magis quam ex vero celebrat obscuratque.

Sallust Cat. 8, 1

Das Glück herrscht in allem. Es verteilt mehr nach Willkür als nach Verdienst Licht und Schatten auf die Dinge.

Fortuna ius in mores non habet.

Nach Seneca ep. 36, 6

Über den Charakter hat das Glück keine Macht.

Fortuna meliores sequitur.

Sallust hist. 77, 21

Das Glück folgt den Besseren.

Fortuna multis dat nimis, satis nulli.

Martial XII 10, 2

Das Glück gibt vielen zu viel, aber niemandem genug.

Fortuna obesse nulli contenta est semel.

Publilius Syrus

Das Unglück begnügt sich nicht damit, jemandem nur einmal zu schaden.

Fortuna parvis momentis magnas rerum commutationes efficit.

Caesar BC III 68, 1

Durch kleine Bewegungen bewirkt das Glück große Veränderungen.

Fortuna rerum humanarum domina.

Nach Cicero Marc. 7

Das Glück ist die Herrin über alle menschlichen Dinge.

Fortuna vitrea est; tum, cum splendet, frangitur.

Publilius Syrus

Das Glück ist wie Glas; wenn es glänzt, zerbricht es.

Fortunam citius reperias quam retineas.

Publilius Syrus

Das Glück lässt sich leichter finden als festhalten.

Heu, Fortuna, quis est crudelior in nos / te deus? Ut semper gaudes illudere rebus / humanis!

Horaz sat. II 8, 61 ff.

Ach, Fortuna, welche Gottheit ist grausamer gegen uns? / Wie freust du dich immer daran, unser Menschenwerk zu verspotten!

Ignis aurum probat, miseria fortes viros.

Seneca prov. V 10

Feuer erprobt Gold, Unglück tapfere Männer.

Ii optime miserias ferunt, qui abscondunt.

Curtius Rufus V 5, 18

Diejenigen ertragen Unglück am besten, die es verbergen.

In mala re animo si bono utare, adiuvat.

Plautus Capt. 202

Im Unglück ist es hilfreich, zuversichtlich zu bleiben.

In omni adversitate fortunae infelicissimum est genus infortunii fuisse felicem.

Boethius II 4

Bei jeder Widrigkeit des Glücks ist es die unglücklichste Art des Unglücks, früher glücklich gewesen zu sein.

G

Iucunda memoria est praeteritorum malorum.
Cicero fin. II 105

Angenehm ist die Erinnerung an vergangenes Unglück.

Levis est fortuna; cito reposcit quod dedit.
Publilius Syrus

Das Glück ist launisch; schnell fordert es, was es gegeben hat, zurück.

Magna servitus est magna fortuna.
Seneca cons. ad Polyb. 6, 5

Großes Glück heißt große Abhängigkeit.

Maximae cuique fortunae minime credendum est.
Livius XXX 30,18

Gerade dem größten Glück darf man am wenigsten trauen.

Minimum eripit fortuna, cui minimum dedit.
Publilius Syrus

Nur weniges entreißt das Glück dem, dem es nur wenig gegeben hat.

Nemo malus felix.
Juvenal IV 8

Kein böser Mensch ist glücklich.

Nihil est miserum, nisi quum putes.
Boethius II 4

Nichts ist schlimm – es sei denn, du glaubst es.

Nihil est ab omni / parte beatum.
Horaz c. II 16, 27 f.

Nichts ist in jeder Hinsicht glücklich.

Nil admirari prope res est una, Numici, / solaque quae possit facere et servare beatum.
Horaz epist. I 6, 1 ff.

Nichts zu bestaunen – das ist vielleicht das Einzige, Numicus, / was glücklich machen und erhalten kann.

Non solum ipsa fortuna caeca est, sed eos etiam plerumque efficit caecos, quos complexa est.
Cicero am. 54

Nicht nur ist das Glück selbst blind, sondern es macht meist auch diejenigen blind, die es umarmt hält.

Malum nullum est sine aliquo bono.
Nach Plinius NH XXVII 3, 9

Es gibt kein Unglück, das nicht auch irgendetwas Gutes hätte.

Non, si male nunc, et olim / sic erit: quondam cithara tacentem / suscitat Musam neque semper arcum / tendit Apollo.
Horaz c. II 10, 17ff.

Nicht wird es, wenn es jetzt schlecht ist, / auch dereinst so sein; irgendwann weckt Apollo mit seiner Kithara / die schweigende Muse und nicht auf ewig / spannt er den Bogen.

G

Nulla certa felicitas est.
Seneca contr. II 1, 9

Es gibt kein beständiges Glück.

Quem res plus nimio delectavere secundae, / mutatae quatient.
Horaz epist. I 10, 30f.

Wer Glück über die Maßen genossen hat, den wird der Umschwung aus der Fassung bringen.

Quem saepe transit casus, aliquando invenit.
Seneca Herc. fur. 328

An wem das Unglück oft vorbeigegangen ist, den ereilt es irgendwann doch.

Quod bonum, faustum, felix fortunatumque sit!
Cicero div. I 102

Dies möge gut, günstig, glücklich und gesegnet sein!

Rarae fumant felicibus arae.
Silius Italicus VII 89

Nur selten rauchen die Altäre bei den Glücklichen. (*mit Opfern für die Götter)*

Rebus in adversis animum submittere noli!
Disticha Catonis II 25

Lass im Unglück den Mut nicht sinken!

G

Res est inquieta felicitas.
Seneca ep. 36, 1

Das Glück ist eine unruhige Sache.

Secundis nemo confidat, adversis nemo deficiat, alternae sunt vices rerum.
Seneca NQ III pr. 7

Niemand vertraue dem Glück, niemand verzweifle im Unglück; beide wechseln sich ab.

Stultum facit fortuna, quem vult perdere.
Publilius Syrus

Wen es zugrunde richten will, den macht das Glück dumm.

Suae quisque fortunae faber est.
Appius Claudius bei Sallust ep. ad Caes. I 1, 2

Jeder ist seines Glückes Schmied.

Superanda omnis fortuna ferendo est.
Vergil Aen. V 710

Jedes Unglück ist zu überwinden, indem man es erträgt.

Tanta malorum impendet Ilias.
Cicero Att. VIII 11, 3

Solch eine Ilias von Unglücken steht uns bevor.

Tanto brevius omne, quanto felicius tempus.
Plinius ep. VIII 14, 10

Je glücklicher eine Zeit, umso kürzer ist sie.

Tu ne cede malis, sed contra audentior ito.
Vergil Aen. VI 95

Weiche du dem Unglück nicht aus, sondern geh ihm beherzter noch entgegen!

Ultima semper / exspectanda dies hominis, dicique beatus / ante obitum nemo supremaque funera debet.
Ovid Met. III 135 ff.

Stets muss man / den letzten Tag eines Menschen abwarten und glücklich gepriesen / sollte niemand werden vor seinem Tode und seinem Begräbnis.

Utique secunda exspecto, malis paratus sum.

Seneca ep. 88, 17

Ich hoffe zwar auf Glück, aber ich bin auf Unglück vorbereitet.

Varietas propria est fortunae.

Cicero div. II 109

Unbeständigkeit ist charakteristisch für das Glück.

Verum nulla tam modesta felicitas est, quae malignitatis dentes vitare possit.

Valerius Maximus IV 7 ext. 2

Es gibt aber kein noch so bescheidenes Glück, das den Zähnen der Missgunst entgehen könnte.

Versatur celeri Fors levis orbe rotae.

Tibull I 5, 70

Auf schnellem Rad dreht sich das unbeständige Glück.

Vivite fortes / fortiaque adversis opponite pectora rebus.

Horaz sat. II 2, 135 f.

Lebt tapfer / und haltet eure Brust tapfer dem Unglück entgegen!

GOTT, GÖTTER

Acta deos numquam mortalia fallunt.

Ovid trist. I 2, 97

Menschliches Handeln kann die Götter nie betrügen.

Aspiciunt oculis superi mortalia iustis.

Ovid Met. XIII 70

Mit gerechten Augen schauen die Götter auf die menschlichen Dinge.

Cito fit, quod di volunt.

Petron 76, 8

Schnell geschieht, was die Götter wollen.

Contra quis ferat arma deos?

Tibull I 6, 30

Wer griffe gegen Götter zu den Waffen?

G

Cum res trepidae, reverentia divum / nascitur, at rarae fumant felicibus arae. *Silius Italicus VII 88 f.*	*Im Unglück entsteht die Ehrfurcht vor den Göttern; / im Glück jedoch rauchen wenige Altäre*. (*mit Opfern für die Götter)*
Deum colit, qui novit. *Seneca ep. 95, 47*	*Gott verehrt, wer ihn kennt.*
Deum non vides, tamen deum agnoscis ex operibus eius. *Cicero Tusc. I 70*	*Du siehst den Gott nicht, aber du erkennst ihn an seinen Werken.*
Di bene vortant! *Plautus Trin. 502*	*Mögen es die Götter zum Guten wenden!*
Di meliora! *Cicero sen. 47*	*Mögen die Götter Besseres geben!*
Dis aliter visum est. *Vergil Aen. II 428*	*Die Götter haben es anders beschlossen.*
Dominum mundi flectere vota valent. *Martial VIII 32, 6*	*Gebete vermögen es, den Herrn der Welt umzustimmen.*
Est profecto deus, qui quae nos gerimus auditque et videt. *Plautus Capt. 313*	*Es gibt gewiss einen Gott, der hört und sieht, was wir tun.*
Exemplum dei quisque est in imagine parva. *Manilius Astron. IV 894*	*Ein jeder ist in kleinem Rahmen ein Abbild Gottes.*
Expedit esse deos, et, ut expedit, esse putemus. *Ovid AA I 637*	*Nützlich ist es, dass es Götter gibt, und da es nützlich ist, lasst es uns glauben.*

In praeteritum subvenire ne di quidem possunt.

Plinius pan. 40, 3

Nachträglich für die Vergangenheit können nicht einmal die Götter zu Hilfe kommen.

Iovis omnia plena.

Vergil buc. III 60

Alles ist voll von Iupiter.

Magis deos miseri quam beati colunt.

Seneca ep. 95, 49

Unglückliche Menschen verehren die Götter mehr als glückliche.

G

Necessitatem ne di quidem superant.

Livius IX 4, 16

Gegen die Notwendigkeit richten selbst Götter nichts aus.

Nihil a deo vacat; opus suum ipse implet.

Seneca ben. IV 8, 2

Nichts ist frei von Gott; er selbst füllt sein Werk.

Nihil est, quod deus efficere non possit.

Cicero div. II 86

Es gibt nichts, was die Gottheit nicht bewirken könnte.

Permitte divis cetera!

Horaz c. I 9, 9

Das Übrige überlass den Göttern!

Placeat homini, quidquid deo placuit.

Seneca ep. 74, 20

Dem Menschen möge gefallen, was Gott gefällt.

Quod deus bene vertat!

Terenz Phorm. 552

Möge Gott es zum Guten wenden!

Sunt di immortales lenti quidem, sed certi vindices generis humani.

Seneca contr. X 6

Die Götter sind zwar langsame, aber verlässliche Richter des Menschengeschlechts.

HANDELN

Age quod agis.
Plautus Most. 1100

Wenn du etwas tust, dann tu es auch!

Aut non temptaris aut perfice!
Ovid AA I 389

Versuche es erst gar nicht oder bring es zum Ende!

Dei facientes adiuvant.
Varro r.r.I 1, 4

Denen, die handeln, helfen die Götter.

H

Natura nos ad utrumque genuit: et contemplationi rerum et actioni.
Seneca ot. 4

Die Natur hat uns für beides geschaffen: sowohl für die Betrachtung der Dinge als auch für das Handeln.

Nullus agenti dies longus est.
Seneca ep. 122, 3

Niemandem, der tätig ist, wird der Tag lang.

Relicto omni actu vita consistit.
Seneca ben. IV 33, 3

Unterlässt man jedes Handeln, so kommt das Leben zum Stillstand.

Tibi ut opus est facto, fac!
Cicero fin. V 59

Handle, wie du es für nötig hältst zu handeln!

HASS

Est bellum aliquem libenter odisse.
Cicero Att. XIII 54, 2

Es ist eine hübsche Sache, jemanden so richtig zu hassen.

Facilius de odio creditur.
Tacitus hist. I 34, 1

Leichter glaubt man an Hass.

Fere acerrima proximorum odia sunt.
Tacitus hist. IV 70, 2

Hass unter nahen Verwandten ist meist am glühendsten.

Immortale odium et numquam sanabile vulnus.

Juvenal XV 34

Unsterblicher Hass und eine nie verheilende Wunde.

Multorum odiis nullae opes possunt obsistere.

Nach Cicero off. II 23

Dem Hass vieler kann keine Macht widerstehen.

Obsequium amicos, veritas odium parit.

Terenz Andr. 68

Liebedienerei schafft Freunde, Wahrheit Hass.

H

Oderint, dum metuant.

Cicero off. I 97

Sollen sie hassen, solange sie fürchten.

Oderint, dum probent.

Sueton Tib. 59, 2

Sollen sie es hassen, solange sie es nur anerkennen.

Odia qui nimium timet, regnare nescit.

Seneca Oed. 703 f.

Wer Hass allzu sehr fürchtet, versteht nicht zu herrschen.

Odium generis humani.

Tacitus ann. XV 44, 4

Hass auf das Menschengeschlecht. (*Vorwurf gegen die Christen)*

Proprium humani ingenii est odisse quem laeseris.

Tacitus Agric. 42

Es gehört zur menschlichen Natur, den zu hassen, den man verletzt hat.

Turpe est odisse, quem laudes.

Seneca ira III 29, 1

Schändlich ist es, jemanden zu hassen, den man rühmt.

Uno animo omnes socrus oderunt nurus.

Terenz Hec. 201

Einmütig hassen alle Schwiegermütter ihre Schwiegertöchter.

HEIMAT

Nemo patriam, quia magna est, amat, sed quia sua.

Seneca ep. 66, 26

Kein Mensch liebt sein Vaterland, weil es groß ist, sondern weil es seines ist.

Non sum uni angulo natus, patria mea totus hic mundus est.

Seneca ep. 28, 4

Ich bin nicht für einen einzigen Winkel geboren, meine Heimat ist diese ganze Welt.

H

Nunc vero nec locus tibi ullus dulcior esse debet patria nec eam diligere minus debes, quod deformior est, sed misereri potius.

Cicero fam. IV 9, 3

Kein Ort darf dir süßer sein als dein Heimatland und du darfst es nicht weniger lieben, weil es weniger schön ist, sondern musst dich seiner eher erbarmen.

Patria communis est parens omnium nostrum.

Cicero Cat. I 17

Die Heimat ist unser aller gemeinsame Mutter.

Patria est, ubicumque est bene.

Pacuvius bei Cicero Tusc. V 108

Heimat ist überall dort, wo es einem gut geht.

Patriam nobis mundum professi sumus.

Seneca tr. an. 4

Wir (Stoiker) stehen dazu: Unsere Heimat ist die Welt.

Quae est domestica sede iucundior?

Cicero fam. IV 7, 2

Welcher Aufenthaltsort ist angenehmer als die Heimat?

Ubi bene, ibi patria.

Nach Cicero Tusc. V 108

Wo es mir gut ergeht, dort ist meine Heimat.

HILFE

Alter alterius auxilio eget.
Sallust Cat. I 7

Der eine bedarf des anderen Hilfe.

Bis fiet gratum, quod opus est, si ultro offeras.
Publilius Syrus

Doppelt dankbar wird man dir sein, wenn du deine Hilfe, wo sie nötig ist, von selbst anbietest.

Foris sapis, tibi non potes auxiliarier.
Nach Terenz Heaut. 923

Draußen kannst du klug reden, dir selbst aber kannst du nicht helfen.

H

Homo in adiutorium mutuum genitus est.
Seneca ira I 5, 2

Der Mensch ist zu gegenseitiger Hilfeleistung geboren.

Iniquum est conlapsis manum non porrigere.
Seneca contr. I 1, 14

Es ist ungerecht, Gestrauchelten nicht die Hand zu reichen.

Manus manum lavat.
Petron 45, 13

Eine Hand wäscht die andere.

Miseris succurrere disco.
Vergil Aen. I 630

Ich lerne es, Elenden zu Hilfe zu kommen.

Non tali auxilio nec defensoribus istis / tempus eget.
Vergil Aen. II 521 f.

Nach solcher Hilfe und solchen Verteidigern / verlangt der Augenblick nicht.

Prosunt inter se boni.
Seneca ep. 109, 1

Gute Menschen helfen einander.

Quae non possunt singula, multa iuvant.
Ovid rem. 420

Was als Einzelnes nicht hilft, hilft in der Häufung.

Qui fert malis auxilium, post tempus dolet.

Phaedrus IV 20, 1

Wer schlechten Menschen hilft, bereut es nach einiger Zeit.

Regia, crede mihi, res est succurrere lapsis.

Ovid ep. ex Ponto II 9, 11

Etwas Königliches ist es, glaube mir, Gestrauchelten zu Hilfe zu kommen.

Saepe premente deo fert deus alter opem.

Ovid trist. I 2, 4

Wenn ein Gott dich bedrängt, kommt dir ein anderer oft zu Hilfe.

HOFFNUNG

Aegroto, dum anima est, spes esse dicitur.

Cicero Att. IX 10, 3

Ein Kranker, so sagt man, hofft, solange er atmet.

At ego etiam scio, qui speraverint, spem decepisse multos.

Plautus Rud. 401

Ich weiß aber auch, dass viele, die gehofft haben, ihre Hoffnung getrogen hat.

Causa iubet melior superos sperare secundos.

Lucan Phars. VII 349

Die bessere Sache heißt, auf die Hilfe des Himmels zu hoffen.

Credula vitam / spes fovet et fore cras semper ait melius.

Tibull II 6, 19f.

Die leichtgläubige Hoffnung / hält mich am Leben und sagt stets: »Morgen wird es besser sein!«

Dum spiro, spero.

Nach Cicero Att. IX 11, 3

Solange ich lebe, hoffe ich.

In me omnis spes mihi est.

Terenz Phorm. 139

Meine ganze Hoffnung beruht auf mir selbst.

Inter spem curamque, timores et iras / omne crede diem tibi diluxisse supremum. / Grata superveniet, quae non sperabitur hora.

Horaz epist. I 4, 12ff.

Inmitten von Hoffnung und Sorge, Ängsten und Ärgernissen / halte jeden Tag, der dir heraufdämmert, für deinen letzten. / Dankbar wirst du für jede Stunde sein, die unverhofft hinzukommt.

Memoriae minimum tribuit, quisquis spei plurimum.

Seneca ben. III 4, 2

Der Erinnerung gibt sehr wenig Raum, wer sehr stark auf die Hoffnung setzt.

H

Mihi spes omnes in memet sitae.

Sallust Jug. 85, 4

Alle meine Hoffnungen ruhen auf mir selbst.

O fallacem hominum spem!

Cicero de or. III 7

Ach, trügerische Hoffnung der Menschen!

O falsam spem!

Cicero Sulla 91

Welch falsche Hoffnung!

Omnia homini, dum vivit, speranda sunt.

Seneca ep. 70, 6

Alles muss der Mensch hoffen, solange er lebt.

Qui nil sperare potest, desperet nihil.

Seneca Medea 163

Wer nichts hoffen kann, braucht an nichts zu verzweifeln.

Rebus in adversis animum submittere noli, / spem retine; spes una hominem nec morte relinquit.

Disticha Catonis II 25

Im Unglück lass den Mut nicht sinken; / bewahre dir die Hoffnung; allein die Hoffnung verlässt den Menschen nicht einmal im Tode.

Spatio brevi spem longam reseces!

Horaz c. II 11, 6f.

Schneide lange Hoffnung auf eine kurze Zeit zurück!

H

Spem pretio non emo. *Terenz Ad. 219*	*Ich kaufe Hoffnung nicht für Geld.*
Spemque metumque inter dubii. *Vergil Aen. I 218*	*Bangend zwischen Hoffnung und Furcht.*
Spero meliora. *Nach Cicero Att. X 15, 4*	*Ich hoffe auf Besseres.*
Spes etiam valida solatur compede vinctum. *Tibull II 6, 25*	*Hoffnung tröstet selbst den noch, der mit starker Fußfessel gebunden ist.*
Spes improbissimas complectuntur insperata adsecuti. *Seneca clem. pr. I 7*	*Übertriebene Hoffnung hegt, wer unverhofften Erfolg hatte.*
Spes praemii solacium est laboris. *Seneca ep. 51*	*Die Hoffnung auf Belohnung ist der Trost für die Mühe.*
Spes tenet in tempus, semel est si credita, longum; / illa quidem fallax, sed tamen apta dea est. *Ovid AA I 445 f.*	*Hoffnung hält, wenn sie erst einmal Glauben gefunden hat, für lange Zeit vor. / Sie ist zwar eine trügerische, aber doch brauchbare Gottheit.*
Una salus victis: nullam sperare salutem. *Vergil Aen. II 354*	*Das einzige Heil für Besiegte liegt darin, kein Heil zu erhoffen.*
Vitae summa brevis spem nos vetat incohare longam. *Horaz c. I 4, 15*	*Unsere kurze Lebenszeit verbietet uns, den Grund zu langer Hoffnung zu legen.*

HUNGER

Cibi condimentum fames est. *Cicero fin. II 90*	*Hunger ist der Speise Würze.*

Fames commendat cibos; nihil contemnit esuriens.

Nach Seneca ep. 119, 4

Hunger empfiehlt das Essen; wer Hunger hat, verschmäht nichts.

Ieiunus raro stomachus volgaria temnit.

Horaz sat. II 2, 38

Ein Magen, der selten Hunger verspürt, verachtet das Gewöhnliche.

Magister artis, ingenique largitor / venter.

Persius prol. 10 f.

Lehrmeister der Kunst, Spender des Talents: der Bauch.

H

Malesuada fames.

Vergil Aen. VI 276

Hunger ist ein schlechter Ratgeber.

Malum panem tibi tenerum et siligneum fames reddet.

Seneca ep. 123, 2

Schlechtes Brot wird dir der Hunger zu zartem Weißbrot machen.

Multa docet fames.

Nach Seneca ep. 15, 7

Der Hunger lehrt vieles.

Non fames nobis ventris nostri magno constat, sed ambitio.

Seneca ep. 60, 3

Nicht der Hunger unseres Magens kommt uns teuer zu stehen, sondern unser kulinarischer Ehrgeiz.

Nova artificia docet fames.

Seneca ep. 15, 7

Hunger lehrt neue Kunstwerke.

Unde fames homini vetitorum tanta ciborum?

Ovid Met. XV 138

Woher dieser große Hunger der Menschen nach verbotenen Speisen?

Venter praecepta non audit.

Seneca ep. 21, 11

Hunger hört auf keine Vorschrift.

IRRTUM

Cuiusvis hominis est errare; nullius nisi insipientis perseverare in errore.

Cicero Phil. XII 5

Jedermann kann irren, aber nur ein Narr verharrt in seinem Irrtum.

Demens est, qui fidem praestat errori.

Seneca ben. IV 36, 2

Wahnsinnig ist, wer bei einem Irrtum sein Wort hält.

I

Errare humanum est.

Nach Seneca contr. IV 3

Irren ist menschlich.

Errare malo cum Platone quam cum istis vera sentire.

Nach Cicero Tusc. I 39

Lieber will ich mit Platon irren, als mit den Leuten da die Wahrheit zu glauben.

Natura duce errare nullo modo possumus.

Nach Cicero leg. I 20

Unter Führung der Natur können wir auf keinen Fall irren.

Nemo sibi tantummodo errat, sed alieni erroris et causa et auctor est.

Seneca vita beata I 4

Niemand irrt nur für sich allein, sondern er ist auch Ursache und Urheber des Irrtums anderer.

Non omnis error stultitia dicenda est.

Cicero div. II 90

Nicht jeden Irrtum darf man Dummheit nennen.

Qui ex errore imperitae multitudinis pendet, hic in magnis viris non est habendus.

Cicero off. I 65

Wer vom Irrtum einer unerfahrenen Volksmenge abhängig ist, ist nicht zu den großen Männern zu zählen.

JUGEND

Attenuant iuvenum vigilatae corpora noctes.
Ovid AA I 735

Durchwachte Nächte verzehren den Körper der Jugend.

Decet verecundum esse adulescentem.
Plautus Asin. 833

Für einen jungen Menschen gehört es sich, bescheiden zu sein.

Fecimus et nos haec iuvenes.
Juvenal VIII 163 f.

Auch wir haben das in unserer Jugend getan.

Illecebris fieri nihil potest – nox, mulier, vinum – homini adulescentulo.
Plautus Bacch. 87 f.

Nichts kann verführerischer sein für einen jungen Menschen als Nacht, Weib und Wein.

J

In teneris consuescere multum est.
Vergil georg. II 272

In jungen Jahren bedeutet es schon viel, sich an etwas zu gewöhnen.

Iuvenis monitoribus asper.
Horaz AP 161 f.

Schroff ist der junge Mensch gegenüber Mahnern.

Iuventus probitati et industriae, non sumptibus neque divitiis studeat.
Sallust ep. ad Caes. I 7, 2

Die Jugend soll sich um Anstand und Fleiß bemühen, nicht um Konsum und Reichtum.

Me quoque pectoris / temptavit in dulci iuventa / fervor.
Nach Horaz c. I 16, 22 ff.

Auch mich / hat in der süßen Jugend / die Glut des Herzens ergriffen.

Ratione, non vi vincenda adulescentia est.
Publilius Syrus

Die Jugend sollte durch Einsicht, nicht durch Gewalt gezügelt werden.

Ubi peccat aetas maior, male discit minor.
Publilius Syrus

Wo die Alten sündigen, lernen die Jungen Schlechtes.

KAUFEN, VERKAUFEN

Fumos vendere.

Martial IV 5, 7

Rauch verkaufen.

Laudat venales, qui vult extrudere, merces.

Horaz epist. II 2, 11

Wer seine Waren losschlagen will, preist sie an.

Magis illa iuvant, quae pluris emuntur.

Juvenal XI 16

Größere Freude bereitet, was man teuer kauft.

Malo emere quam rogare.

Cicero Verr. II 4, 12

Ich will lieber kaufen als erbitten.

K

Proba merx facile emptorem reperit.

Plautus Poen. 342

Ordentliche Ware findet leicht ihren Käufer.

KLEINES

Corporis exigui vires contemnere noli!

Distcha Catonis II 9

Verachte nicht die Kräfte eines schwachen Körpers!

Eheu! Quam brevibus pereunt ingentia causis!

Claudian Ruf. II 29

Ach, aus welch geringen Ursachen geht Gewaltiges zugrunde!

Etiam capillus unus habet umbram suam.

Publilius Syrus

Auch ein kleines Haar hat seinen Schatten.

Ex parvis saepe magnarum momenta rerum pendent.

Livius XXVII 9, 1

Oft hängt die Entwicklung bedeutender Dinge von Kleinigkeiten ab.

Flamma recens parva sparsa resedit aqua.

Ovid Her. XVI 190

Ein noch kleines Feuer lässt sich mit ganz wenig Wasser löschen.

Flumina pauca vides de magnis fontibus orta.

Ovid rem. 97

Du siehst, dass nur wenige Flüsse großen Quellen entspringen.

Minima non curat praetor.

Nach Cicero nat. deor. III 86

Um Kleinigkeiten kümmert sich der Praetor nicht.

Parva leves capiunt animos.

Ovid AA I 159

Kleinigkeiten nehmen schlichte Gemüter ein.

Parva necat morsu spatiosum vipera taurum.

Ovid rem. 421

Eine kleine Schlange kann mit ihrem Biss einen riesigen Stier töten.

Parva saepe scintilla contempta magnum excitavit incendium.

Curtius Rufus VI 3, 11

Schon oft hat ein kleiner unbeachteter Funke einen großen Brand verursacht.

Parvum parva decent.

Horaz epist. I 7, 44

Für den Kleinen ziemt sich Kleines.

Sacrilegia minuta puniuntur, magna triumphis feruntur.

Seneca ep. 87, 23

Kleine Frevel werden bestraft, große feiert man im Triumph.

Si parva licet componere magnis.

Vergil georg. IV 176

Wenn es erlaubt ist, Kleines mit Großem zu vergleichen.

KLUGHEIT

Cedendo victor abibis.
Ovid AA II 197

Indem du nachgibst, wirst du als Sieger von dannen gehen. (Der Klügere gibt nach.)

Eius haec praecipua prudentia, quod alios prudentiores arbitrabatur.
Plinius ep. VIII 23, 3

Seine besondere Klugheit bestand darin, dass er andere für klüger hielt.

Iustitia sine prudentia multum prodest, sine iustitia nihil valebit prudentia.
Cicero off. II 34

Gerechtigkeit ohne Klugheit vermag viel; aber Klugheit ohne Gerechtigkeit wird nichts ausrichten.

Quantist sapere!
Terenz Eun. 791

Was ist Klugheit doch wert!

Quisquis plus iusto non sapit, ille sapit.
Martial XIV 210, 2

Wer nicht allzu klug ist, ist klug.

KÖNNEN

Non omnia possumus omnes.
Vergil buc. VIII 63

Wir können nicht alle alles.

Possunt, quia posse videntur.
Vergil Aen. V 231

Sie können es, weil sie es zu können scheinen.

Ultra posse nemo obligatur.
Nach Digesta L 17, 185

Über sein Können hinaus ist niemand verpflichtet.

KORRUPTION

Beneficium accipere libertatem est vendere.
Publilius Syrus

Wer eine Wohltat annimmt, verkauft seine Freiheit.

Corruptissima republica, plurimae leges.
Tacitus ann. III 27, 3

Je korrupter der Staat, umso mehr Gesetze.

Omnia venalia Romae.
Nach Sallust Jug. 8, 1

In Rom ist alles käuflich.

Venalis populus, venalis curia patrum.
Petron 119, 41

Käuflich das Volk, käuflich die Väter der Kurie.

KRIEG

Bellum ita suscipiatur, ut nihil aliud nisi pax quaesita videatur.
Cicero off. I 80

Krieg sollte man nur so auf sich nehmen, dass offenkundig nichts anderes als der Frieden das Ziel ist.

Bellum nec timendum nec provocandum.
Plinius pan. 16

Krieg darf man nicht fürchten, ihn aber auch nicht herausfordern.

Bellum se ipsum alit.
Livius XXXIV 9, 12

Der Krieg ernährt sich selbst.

Casus belli.
Cicero fam. VI 1, 7

Der Kriegsfall.

Cedant arma togae!
Cicero off. I 77

Die Waffen sollen dem Friedensgewand weichen!

Incertus exitus belli.

Cicero Marc. 15

Ungewiss ist der Ausgang des Krieges.

Nervi belli pecunia infinita.

Nach Cicero Phil. V 5

Die Nerven des Krieges sind unerschöpfliche Geldmittel.

Nulla salus bello.

Vergil Aen. XI 362

Kein Heil liegt im Krieg.

Numquam imperator ita paci credat, ut non se praeparet bello.

Seneca vita beata 26, 2

Nie darf ein Feldherr dem Frieden so vertrauen, dass er nicht für den Krieg gerüstet ist.

Omne bellum sumitur facile, ceterum aegerrume desinitur.

Sallust Jug. 83, 1

Jeder Krieg wird leicht begonnen, aber nur mit größter Mühe beendet.

Ostendite modo bellum – pacem habebitis.

Livius VI 18, 7

Zeigt nur Krieg und ihr werdet Frieden haben.

Paritur pax bello.

Cornelius Nepos Epam. 5, 4

Der Frieden wird durch Krieg gewonnen.

Qui desiderat pacem, praeparet bellum.

Vegetius III pr.

Wer Frieden will, rüste sich zum Krieg.

Silent leges inter arma.

Cicero Mil. 11

Im Waffenlärm schweigen die Gesetze.

Si vis pacem, para bellum.

Nach Vegetius III prol.

Willst du Frieden, rüste dich zum Krieg.

Suscipienda bella sunt ob eam causam, ut sine iniuria in pace vivatur.

Nach Cicero off. I 35

Krieg darf man nur zu dem Zweck auf sich nehmen, dass man ohne Unrecht in Frieden leben kann.

Tecum prius ergo voluta haec animo ante tubas; / galeatum sero duelli paenitet.

Juvenal I 168f.

Bedenke also, bevor du die Kriegstrompete bläst, dies bei dir: / Zu spät bereut man den Krieg, wenn man den Helm trägt.

Vae victis!

Livius V 48, 9

Wehe den Besiegten!

KUNST

K

Ars aemula naturae.

Apuleius Met. II 4

Die Kunst ist die Rivalin der Natur.

Ars longa, vita brevis.

Nach Seneca brev. vit. I 1

Die Kunst ist lang, das Leben kurz.

Artes serviunt vitae; sapientia imperat.

Seneca ep. 85, 32

Die Künste dienen dem Leben, die Weisheit beherrscht es.

Breve confinium artis et falsi.

Tacitus ann. IV 58

Zwischen Kunst und Lüge liegt ein schmaler Grat.

Magni artificis est clusisse totum in exiguo.

Seneca ep. 53, 11

Einen großen Künstler macht aus, dass er das Ganze auf geringem Raum einschließt.

Mater artium necessitas.

Curtius Rufus IV 3, 24

Die Not ist die Mutter der Künste.

Materiem superabat opus.

Ovid Met. II 5

Das Werk übertraf den Stoff.

Non datur ad Musas currere lata via.

Properz III 1, 14

Den Musen auf breitem Weg zuzueilen wird nicht gewährt.

Non est ars, quae ad effectum casu venit.

Seneca ep. 29, 3

Das ist keine Kunst, was durch Zufall zur Vollendung führt.

Omnis ars naturae imitatio est.

Seneca ep. 65, 3

Alle Kunst ist Nachahmung der Natur.

Qua pote quisque, in ea conterat arte diem.

Properz II 1, 46

Ein jeder verwende seine Zeit auf die Kunst, die er beherrscht.

Quam quisque norit artem, in hac se exerceat.

Cicero Tusc. I 42

Jeder übe die Kunst aus, auf die er sich versteht.

LACHEN

Dummodo risum / excutiat, sibi non, non cuiquam parcet amico.

Horaz sat. I 4, 34f.

Wenn nur Gelächter / herausspringt, dann kennt er nicht sich selbst, dann kennt er keinem Freunde gegenüber Schonung.

Miror, quod non ridet haruspex, haruspicem cum videt.

Nach Cicero div. II 51

Ich wundere mich, dass der eine Haruspex nicht lachen muss, wenn er einen anderen sieht. (*Priester, der aus den Eingeweiden geopferter Tiere die Zukunft vorhersagte, hier als Scharlatan verspottet)*

Nemo risum praebuit, qui ex se cepit.

Seneca const. sap. 17, 1

Niemand gibt zu Gelächter Anlass, der über sich selbst lachen kann.

L

Nimium risus pretium est, si probitatis impendio constat.

Quintilian inst. or. VI 3, 35

Ein zu hoher Preis ist das Lachen, wenn es auf Kosten des Anstandes geht.

Potius amicum quam dictum perdere.

Nach Quintilian inst. or. VI 3, 28

Lieber einen Freund verlieren als ein Bonmot unterdrücken.

Quid enim mihi aufert, qui ridet? Satius est rideri quam derideri.

Petron 61, 4

Was nimmt mir jemand weg, der lacht? Es ist besser, sie lachen über einen, als dass sie einen auslachen.

Quid rides? Mutato nomine de te / fabula narratur.

Horaz sat. I 1, 69f.

Was lachst du? Mit geändertem Namen handelt / die Geschichte von dir.

Ride, si sapis.

Martial II 41, 1

Lach, wenn du klug bist!

Ridere in stomacho.
Cicero fam. II 16, 7

In sich hinein lachen.

Ridentem dicere verum / quid vetat?
Horaz sat. I 1, 24 f.

Was hindert uns daran, lachend die Wahrheit zu sagen?

Ridiculum acri / fortius et melius magnas plerumque secat res.
Horaz sat. I 10, 14 f.

Scherz entscheidet wichtige Fragen oft klarer und besser als verbissener Ernst.

Risu inepto res ineptior nulla est.
Catull c. 39, 16

Es gibt nichts Dümmeres als dummes Lachen.

Risum teneatis, amici?
Horaz AP 5

Könnt ihr euch da das Lachen verbeißen, Freunde?

Sed facilis cuivis rigidi censura cachinni.
Juvenal X 31

Für jeden aber ist leicht die Rüge des bitteren Lachens.

Si foret in terris, rideret Democritus.
Horaz epist. II 1, 194

Wäre er auf Erden, bräche Demokrit in Lachen aus.

Si quando fatuo delectari volo, non est mihi longe quaerendus: me video.
Seneca ep. 50, 2

Wenn ich mich mal über einen Narren amüsieren will, brauche ich nicht weit zu suchen: Ich schaue mich an.

LEBENSGENUSS

Carpe diem, quam minimum credula postero!

Horaz c. I 7, 31

Nutze den Tag, vertraue so wenig wie möglich auf den nächsten!

Cras vives? Hodie iam vivere, Postume, serum est: / ille sapit, quisquis, Postume, vixit heri.

Martial V 58, 7f.

Morgen willst du leben? Heute zu leben, Postumus, ist schon zu spät. / Der ist klug, Postumus, der gestern schon gelebt hat.

Dum differtur, vita transcurrit.

Seneca ep. 1, 3

Indem es aufgeschoben wird, läuft das Leben vorbei.

Dum fata sinunt, vivite laeti!

Seneca Herc. fur. 178

Solange das Schicksal es zulässt, lebt fröhlich!

L

Dum licet, in rebus iucundis vive beatus; / vive memor, quam sis aevi brevis.

Horaz sat. II 6, 96f.

Solange es dir vergönnt ist, lebe glücklich in angenehmen Umständen; / lebe in dem Wissen, wie kurz die Lebenszeit bemessen ist.

Dum nos fata sinunt, oculos satiemus amore; / nox tibi longa venit nec reditura dies.

Properz II 15, 23f.

Solange das Schicksal uns lässt, sollen unsere Augen an Liebe sich weiden; / lang wird die Nacht, die zu dir kommt, und nie mehr kehrt der Tag zurück.

Ergo vivamus, dum licet esse bene.

Petron 34, 10

Daher lasst uns das Leben genießen, solange es erlaubt ist, gut drauf zu sein. (*Versuch einer wirkungsäquivalenten Wiedergabe)*

Ille potens sui / laetusque deget, cui licet in diem / dixisse: »vixi«.

Horaz c. III 29, 41ff.

Derjenige verfügt über sich selbst / und verbringt sein Leben froh, dem es vergönnt ist, jeden Tag / zu sagen: »Ich habe mein Leben gelebt!«

Indulge genio, carpamus dulcia; nostrum est, / quod vivis; cinis et manes et fabula fies. / Vive memor leti, fugit hora, hoc, quod loquor, inde est.

Persius V 151

Lass es dir gut ergehen, lass uns das Süße pflücken. Uns gehört nur, / was wir leben. Zu Asche, Schatten und Schall wirst du werden. / Lebe und denke dabei an den Tod! Die Stunde entflieht; was ich hier spreche, ist schon vergangen.

Linque metum leti; nam stultum est tempore in omni, / dum mortem metuas, amittere gaudia vitae.

Disticha Catonis I 3

Mach Schluss mit der Todesfurcht; denn es ist töricht, während all der Zeit, / da du den Tod fürchtest, die Freuden des Lebens einzubüßen.

Non est, crede mihi, sapientis dicere »vivam«; / sera nimis vita est crastina: vive hodie!

Martial I 15, 11

Es ist nicht gerade ein Zeichen von Weisheit, wenn jemand sagt: »Ich werde das Leben genießen!« / Allzu spät ist das Leben im Morgen – lebe heute!

Nunc est bibendum, nunc pede libero / pulsanda tellus!

Horaz c. I 37, 1 f.

Jetzt heißt es trinken, jetzt mit freiem Fuß / die Erde stampfen.

Omnem crede diem tibi diluxisse supremum.

Horaz epist. I 4, 13

Gehe davon aus, dass jeder Tag dir als letzter aufscheint.

Quo mihi fortunam, si non conceditur uti?

Horaz epist. I 5, 12

Wozu des Glückes Huld, wenn ich sie nicht gebrauchen soll?

LEBENSQUALITÄT

Bene qui latuit, bene vixit.

Ovid Trist. III 4, 25

Wer gut verborgen gelebt hat, hat gut gelebt.

Bibamus, moriendum est.

Seneca contr. II 6, 3

Lasst uns trinken – wir müssen sterben.

Nemo quam bene vivat, sed quam diu, curat, cum omnibus possit contingere, ut bene vivant; ut diu, nulli.

Seneca ep. 22, 17

Keiner sorgt sich darum, wie gut er lebt, sondern wie lange, obwohl es allen gelingen kann, gut zu leben, niemandem aber, lange zu leben.

O noctes cenaeque deum!

Horaz sat. II 6, 65

Oh ihr Nächte, ihr Götterschmäuse!

Quid sit futurum cras, fuge quaerere et / quem fors dierum cumque dabit, lucro / appone nec dulces amores / sperne puer neque tu choreas, / donec virenti canities abest / morosa.

Horaz c. I 9, 13 ff.

Was morgen sein wird, meide zu fragen und / rechne dir jeden Tag, den das Schicksal dir schenkt, als Gewinn an. / Verachte in der Jugend die süßen Wonnen der Liebe nicht / und auch nicht das Tanzen, / solange du kräftig bist und das grämliche Alter der grauen Haare weit weg ist.

Satis vixi, invictus enim morior.

Cornelius Nepos Epamin. 9, 4

Ich habe genug gelebt, denn ich sterbe unbesiegt.

Verum enimvero is demum mihi vivere atque frui anima videtur, qui aliquo negotio intentus praeclari facinoris aut artis bonae famam quaerit.

Sallust Cat. 2, 9

Tatsächlich scheint mir erst derjenige zu leben und sein Leben zu genießen, der sich, in irgendeine Aufgabe vertieft, mit einer glänzenden Leistung oder in einer wertvollen Wissenschaft einen Namen machen will.

LERNEN UND LEHREN

Dies diem docet.

Nach Publilius Syrus

Ein Tag lehrt den anderen.

Eadem est praeceptorum condicio quae seminum: multum efficiunt, etsi angusta sunt.

Seneca ep. 38, 2

Bei Lehren verhält es sich wie bei Samen: Sie bewirken viel, auch wenn sie klein sind.

Exempla docent.

Nach Seneca ep. 6, 5

Vorbilder belehren.

Haud aequum facit, qui, quod didicit, id dediscit.

Plautus Amph. 688

Falsch handelt, wer, was er gelernt hat, wieder verlernt.

Hoc habent scholasticorum studia: leviter tacta delectant, contrectata et propius admota fastidio sunt.

Seneca contr. X pr. 1

So verhält es sich mit dem schulischen Lernen: Was man nur leicht antippt, macht Spaß; was richtig angefasst und näher behandelt wird, führt zu Verdruss.

L

Homines dum docent, discunt.

Seneca ep. 7, 8

Indem die Menschen lehren, lernen sie.

Hominis mens discendo alitur et cogitando.

Cicero off. I 105

Der Verstand des Menschen ernährt sich vom Lernen und Denken.

Idem et docenti et discenti debet esse propositum, ut ille prodesse velit, hic proficere.

Seneca ep. 108, 3

Denselben Vorsatz sollen Lehrende und Lernende haben: Der eine soll Nutzen bringen, der andere Fortschritte machen wollen.

Magistri patienter ferre debent offensationes puerorum discentium memoriae labentis.

Seneca ben. V 25, 6

Lehrer müssen die Verstöße der mit schwankendem Gedächtnis lernenden Kinder geduldig ertragen.

Maxima debetur puero reverentia.

Juvenal XIV 47

Größte Ehrfurcht gebührt dem Kind.

Nemo non didicisse mavult quam discere.

Quintilian inst. or. III 1, 6

Jeder will lieber gelernt haben als lernen.

Nihil recte sine exemplo docetur.

Columella XI 1, 4

Ohne Beispiel lehrt man nichts richtig.

Non satis est reprehendisse peccantem, si non doceas recti viam.

Columella XI 1, 9

Es reicht nicht aus, denjenigen zu tadeln, der einen Fehler macht, wenn man ihm nicht den Weg zum Richtigen weist.

Non resistet offensis, cui nihil umquam negatum est, cuius lacrimas sollicita semper mater abstersit.

Seneca ira II 21, 6

Keiner wird Widrigkeiten widerstehen, dem nie etwas abgeschlagen wurde und dem die besorgte Mutter stets die Tränen abgewischt hat.

L

Non vitae, sed scholae discimus.

Seneca ep. 107, 11

Nicht für das Leben lernen wir, sondern für die Schule.

Numquam nimis dicitur,
quod numquam satis discitur.
Quibusdam remedia monstranda,
quibusdam inculcanda sunt.

Seneca ep. 27, 9

Nie kann man oft genug sagen, was nie genug zu lernen ist. Manchen Lernern braucht man die Arzneien nur zu zeigen, anderen muss man sie eintrichtern.

Occidit miseros crambe repetita magistros.

Juvenal VII 154

Aufgewärmter Kohl ist tödlich für die armen Lehrer.

Optimus quisque praeceptor frequentia gaudet ac maiore se theatro dignus putat.

Quintilian inst. or. I 2, 9

Gerade die besten Lehrer freuen sich über viele Schüler und halten sich eines größeren Theaters für würdig.

Plus docet quam scit.

Petron 46, 6

Er lehrt mehr, als er weiß.

Quae dementia est supervacua discere in tanta temporis egestate!
Seneca ep. 48, 12

Was für ein Wahnsinn ist es, in so knapp bemessener Zeit Überflüssiges zu lernen!

Quidquid discis, tibi discis.
Petron 46, 8

Alles, was du lernst, lernst du für dich.

Quidquid praecipies, esto brevis, ut cito dicta / percipiant animi dociles teneantque fideles.
Horaz AP 335 f.

Gleich was du lehrst, fasse dich kurz, damit gelehrige Sinne / rasch erfassen, was du sagst, und es zuverlässig behalten.

Quod munus rei publicae adferre maius meliusve possumus, quam si docemus atque erudimus iuventutem?
Cicero div. II 4

Welches größere und bessere Geschenk können wir dem Staat machen, als wenn wir die Jugend belehren und erziehen?

Quod parum novit, nemo docere potest.
Ovid trist. II 348

Niemand kann etwas lehren, von dem er zu wenig versteht.

Quotus quisque tam patiens, ut velit discere, quod in usu non sit habiturus?
Plinius ep. VIII 14, 3

Wie wenige sind so geduldig, das lernen zu wollen, mit dem sie nichts werden anfangen können?

Studium discendi voluntate, quae cogi non potest, constat.
Quintilian inst. or. I 3, 8

Lerneifer beruht auf dem Willen, den man nicht zwingen kann.

Tam diu discendum est, quamdiu nescias; si proverbio credimus, quamdiu vivas.
Seneca ep. 76, 3

Man muss so lange lernen, wie man unwissend ist; wenn wir dem Sprichwort glauben wollen, heißt das: solange man lebt.

Tardi ingenii est rivulos consectari, fontis rerum non videre.

Cicero de or. II 117

Es verrät einen Mangel an geistiger Flexibilität, wenn man Rinnsalen nachgeht, die Quellen der Dinge aber nicht sieht.

Ut praeceptorum officium est docere, sic discipulorum praebere se dociles; alioquin neutrum sine altero sufficit.

Quintilian II 9, 3

Wie es die Pflicht der Unterrichtenden ist zu lehren, so ist es die der Schüler, sich gelehrig zu erweisen; sonst reicht keines ohne das andere aus.

Ut sementem feceris, ita metes.

Cicero de or. II 261

Wie du gesät hast, so wirst du ernten.

LIEBE

Aliudque cupido, / mens aliud suadet.

Ovid Met. VII 19f.

Zum einen rät die Leidenschaft, / zum andren der Verstand.

Amans iratus multa mentitur sibi.

Publilius Syrus

Ein erzürnter Liebender macht sich selbst viel vor.

Amantes amentes.

Nach Terenz Andr. 218

Liebende sind ohne Verstand.

Amantium irae amoris integratio est.

Terenz Andr. 555

Streit unter Liebenden ist die Erneuerung der Liebe.

Amare et sapere vix deo conceditur.

Publilius Syrus

Lieben und den Verstand behalten ist selbst einem Gott kaum möglich.

Amare nihil aliud est, nisi eum ipsum diligere quem ames, nulla indigentia, nulla utilitate quaesita.
Cicero am. 100

Lieben – das heißt nichts anderes als den, den man lieben will, auszuwählen, ohne dass man es braucht oder sich einen Nutzen davon verspricht.

Amor crescit dolore repulsae.
Ovid Met. III 395

Die Liebe wächst mit dem Schmerz der Zurückweisung.

Amor et melle et felle est fecundissimus.
Plautus Cist. 69

Die Liebe ist äußerst ertragreich an Honig und Galle.

Amor magister est optimus.
Plinius ep. IV 19, 4

Liebe ist der beste Lehrmeister.

Amor odit inertes.
Ovid AA II 229

Amor hasst die Trägen.

Amori finem tempus, non animus facit.
Publilius Syrus

Die Zeit beendet die Liebe, nicht der Wille.

Amoris vulnus idem sanat, qui facit.
Publilius Syrus

Die Wunde der Liebe heilt nur derjenige, der sie schlug.

Antiquus amor cancer est.
Petron 42, 7

Eine alte Liebe ist wie ein Krebs.

Audendum est: fortes adiuvat ipsa Venus.
Tibull I 2, 16

Man muss es wagen: Den Beherzten hilft Venus selbst.

Aut amat aut odit mulier: nihil est tertium.
Publilius Syrus

Entweder liebt oder hasst die Frau; ein Drittes gibt es nicht.

Celari vult sua furta Venus.
Tibull I 2, 34

Venus will, dass ihre Heimlichkeiten verborgen bleiben.

Coget amor: potero!
Ovid Met. IX 515

Die Liebe zwingt mich: Ich kann!

Credimus. An, qui amant, ipsi sibi somnia fingunt?
Vergil buc. VIII 108

Wir glauben es. Oder schaffen sich Liebende eine eigene Traumwelt?

Credo ego Amorem primum apud homines carnificinam commentum.
Plautus Cist. 203

Ich glaube, dass Amor sich als Erster die Folterkammer bei den Menschen ausgedacht hat.

Credula res amor est.
Ovid Her. VI 21

Die Liebe ist ein leichtgläubiges Ding.

Cum ames, non sapias, aut cum sapias, non ames.
Publilius Syrus

Wer liebt, sollte nicht denken, und wer denkt, sollte nicht lieben.

Difficile est longum subito deponere amorem.
Catull c. 76, 13

Schwer ist es, eine lange Liebesbeziehung plötzlich abzubrechen.

Errat, qui finem vesani quaerit amoris; / verus amor nullum novit habere modum.
Properz II 15, 29f.

Der irrt, der rasender Liebe ein Ende setzen will: / Wahre Liebe kennt kein Maß.

Facilius in amore finem impetres quam modum.
Seneca contr. II 2, 10

Leichter findet man in der Liebe wohl ein Ende als ein Maß.

Gaudet Venus aurea furtis.
Ovid Her. XVI 291

Freude hat die goldene Venus an heimlichem Tun.

Hoc si crimen erit, crimen amoris erit.

Properz II 30, 24

Wenn dies ein Vergehen ist, so ist es Amors Vergehen.

Idque petit corpus, mens unde est saucia amore.

Lukrez IV 1047

Und er sucht gerade den Körper, durch den der Geist liebeswund ist.

Improbe amor, quid non mortalia pectora cogis!

Vergil Aen. IV 412

Amor, du Schuft, wohin treibst du nicht der Menschen Herz!

Incipiens omnia sentit amor.

Ovid AA II 648

Junge Liebe nimmt alles wahr.

Iuppiter ex alto periuria ridet amantum.

Ovid AA I 633

Jupiter lacht aus der Höhe über die Meineide Liebender.

Laus in amore mori.

Properz II 1, 47

Ruhm ist es, stirbt man vor Liebe.

Litore quot conchae, tot sunt in amore dolores. / Quae patimur, multo spicula felle madent.

Ovid, AA II 519 f.

So viele Muscheln am Strand, so viele Schmerzen hat die Liebe; / die Pfeile, die wir ertragen, sind mit viel Galle getränkt.

Mille ioci Veneris.

Ovid AA III 787

Tausenderlei Spiele kennt die Liebe.

Militat omnis amans.

Ovid am. I 9, 1

Jeder Liebende leistet Kriegsdienst.

Multum in amore fides, multum constantia prodest.

Properz II 27, 27

Viel bewirkt in der Liebe die Treue, viel die Beständigkeit.

Nec tecum possum vivere nec sine te.

Martial XII 47

Ich kann nicht mit dir leben – und nicht ohne dich.

Nescit amor priscis cedere imaginibus.

Properz I 5, 24

Liebe weiß sich keinem alten Stammbaum zu fügen.

Nil difficile amanti puto.

Cicero or. 33

Für einen Liebenden halte ich nichts für schwierig.

Nisi qui ipse amavit, aegre amantis ingenium inspicit.

Plautus Mil. glor. 639

Kaum einer, der nicht selbst geliebt hat, hat Einblick in das, was in einem Liebenden vorgeht.

Non patienter amo.

Ovid Her. XIX 4

Geduldig kann ich nicht lieben.

L

Non veniunt in idem pudor atque amor.

Ovid. Her. XV 121

Schamgefühl und Liebe – das passt nicht zusammen.

Nullis amor est sanabilis herbis.

Ovid Met. I 523

Liebe ist durch keine Kräuter heilbar.

Nunc scio, quid sit Amor.

Vergil buc. VIII 43

Jetzt weiß ich, was Liebe ist.

Oculi sunt in amore duces.

Properz II 15, 12

Die Augen sind in der Liebe die Führer.

Odi et amo. Quare id faciam, fortasse requiris. / Nescio. Sed fieri sentio et excrucior.

Catull c. 85

Ich hasse und liebe. Warum ich das tue, fragst du vielleicht. / Ich weiß nicht. Aber ich fühle, dass es geschieht, und martere mich.

Omnes humanos sanat medicina dolores: / solus amor morbi non amat artificem.

Properz II 1, 57 f.

Jeden menschlichen Schmerz heilt die ärztliche Kunst, / allein die Liebe liebt den Arzt ihrer Krankheit nicht.

Omnia vincit amor, et nos cedamus amori.

Vergil buc. X 69

Die Liebe triumphiert über alles, auch wir wollen uns der Liebe fügen.

Qui nimium multis »Non amo!« dicit, amat.

Ovid rem. 648

Wer zu vielen verkündet »Ich bin nicht verliebt«, der ist verliebt.

Quid deceat, non videt ullus amans.

Ovid Her. IV 154

Kein Liebender erkennt, was sich schickt.

Quis fallere possit amantem?

Vergil Aen. IV 296

Wer könnte einen Liebenden täuschen?

Quis legem dat amantibus? Maior lex amor est sibi.

Boethius III 47

Wer gibt Liebenden ein Gesetz? Das wichtigere Gesetz ist die Liebe sich selbst.

Res est solliciti plena timoris amor.

Ovid Her. I 12

Liebe ist ein Ding voll Sorge und Furcht.

Rivalem possem non ego ferre Iovem.

Properz II 34, 18

Nicht einmal Jupiter könnte ich als Rivalen ertragen.

Si sapis, indulge dominae!

Ovid am. III 4, 43

Bist du klug, so gib deiner Herrin nach!

Si vis amari, ama.

Nach Seneca ep. 9, 4

Wenn du geliebt werden willst, dann liebe!

Sine Cerere et Libero friget Venus.
Terenz Eun. 732

Ohne Ceres (Speise) und Bacchus (Wein) friert Venus (die Liebe).

Tandem venit amor!
Tibull IV 7, 1

Endlich ist die Liebe da!

Tecum vivere amem, tecum obeam libens.
Horaz c. III 9, 24

Mit dir zu leben will ich lieben, mit dir gern zugrunde gehen.

Ut ameris, amabilis esto!
Ovid AA II 107

Um geliebt zu werden, liebe!

Verus amor nullum novit habere modum.
Properz II 15, 30

Wahre Liebe kennt kein Maß.

L

Vivamus, mea Lesbia, atque amemus!
Catull 5, 1

Wir wollen das Leben genießen, meine Lesbia, und uns lieben!

LITERATUR

Adhuc neminem cognovi poetam, qui sibi non optimus videretur.
Cicero Tusc. V 63

Bisher habe ich noch keinen Dichter kennen gelernt, der sich selbst nicht für den besten gehalten hätte.

Auctor opus laudat.
Ovid ep. ex Ponto III 9, 9

Der Schriftsteller lobt sein Werk.

Aut insanit homo aut versus facit.
Horaz sat. II 7, 117

Entweder der Mensch ist verrückt oder er macht Verse.

Aut prodesse volunt aut delectare poetae / aut simul iucunda et idonea dicere vitae.
Horaz AP 333 f.

Dichter wollen nützen oder Freude bereiten / oder Unterhaltsames und Lebenspraktisches zugleich schreiben.

Cantet, amat quod quisque; levant et carmina curas.

Calpurnius Siculus I 19

Besinge ein jeder, was er liebt; Gedichte erleichtern auch von Sorgen.

Dignum laude virum Musa vetat mori; / caelo Musa beat.

Horaz c. IV 8, 28f.

Wem Ruhm gebührt, den lässt die Muse nicht sterben; / sie hebt ihn glücklich in den Himmel.

Grammatici certant et adhuc sub iudice lis est.

Horaz AP 78

Die Grammatiker streiten und noch ist der Streit nicht entschieden.

Non scribit, cuius carmina nemo legit.

Martial III 9, 2

Keiner schreibt wirklich, dessen Gedichte niemand liest.

L

Omnes hi metuunt versus, odere poetas.

Horaz sat. I 4, 33

Sie alle fürchten die Verse und hassen die Dichter.

Poetis furere concessum est.

Plinius ep. VII 4, 10

Dichtern ist Wahnsinn erlaubt.

Si natura negat, facit indignatio versum.

Juvenal I 79

Wenn mein Talent nicht reicht, schmiedet Entrüstung den Vers.

Sumite materiam vestris, qui scribitis, aequam / viribus et versate diu, quid ferre recusent, / quid valeant umeri.

Horaz AP 38ff.

Wählt ihr, die ihr schreibt, einen Stoff, der euren Kräften entspricht, / und denkt lange darüber nach, was eure Schultern sich weigern zu tragen / und was sie tragen können.

Ut pictura poesis.

Horaz AP 361

Ein Gedicht ist wie ein Gemälde.

LÜGE

Conscia mens recti famae mendacia ridet.
Cicero Mur. 62

Wer sich des Rechten bewusst ist, lacht über die Lügen von Gerüchten.

Ecce tota mihi vita mentitur.
Seneca ep. 45, 10

Siehe, für mich lügt das ganze Leben.

Frons, oculi, vultus persaepe mentiuntur, oratio vero saepissime.
Cicero Qu. fr. I 1, 15

Stirn, Augen und Miene lügen sehr oft, am häufigsten aber der Mund.

Mendacem memorem esse oportet.
Quintilian inst. or. IV 2, 91

Lügner brauchen ein gutes Gedächtnis.

Mendaci homini ne verum quidem dicenti creditur.
Nach Cicero div. II 146

Einem Lügner glaubt man nicht, auch wenn er die Wahrheit sagt.

Philosophatur quoque iam, non mendax modoest.
Plautus Capt. 284

Er lügt nicht nur, er wird jetzt sogar zum Philosophen.

Quicumque turpi fraude semel innotuit, / etiam si verum dicit, amittit fidem.
Phaedrus I 10, 1 f.

Wer einmal durch schändlichen Betrug aufgefallen ist, / verliert seine Glaubwürdigkeit, auch wenn er die Wahrheit sagt.

Quid Romae faciam? Mentiri nescio.
Juvenal III 41

Was soll ich in Rom machen? Ich kann nicht lügen!

Solent mendaces luere poenam maleficii.
Phaedrus I 17, 1

Lügner büßen im Allgemeinen für ihre Missetat.

MACHT

Avaritia et adrogantia praecipua validiorum vitia.

Nach Tacitus hist. I 51, 4

Habgier und Arroganz sind die größten Laster der Mächtigen.

Bis vincit, qui se vincit in victoria.

Publilius Syrus

Zweimal siegt, wer sich im Siege selbst besiegt.

Cui plus licet, quam par est, plus vult, quam licet.

Publilius Syrus

Wem mehr erlaubt ist, als recht ist, will mehr, als erlaubt ist.

Cupido dominandi cunctis affectibus flagrantior est.

Tacitus ann. XV 53, 4

Herrschsucht ist brennender als alle anderen Gefühle.

Durum est negare, superior cum supplicat.

Publilius Syrus

Es fällt schwer, nein zu sagen, wenn ein höher Gestellter etwas erbittet.

Est aliquid valida sceptra tenere manu.

Ovid rem. 480

Es ist schon etwas, das Zepter mit starker Hand zu halten.

Et qui nolunt occidere quemquam, / posse volunt.

Juvenal X 96 f.

Auch diejenigen, die niemanden töten wollen, / wollen, sie könnten es.

Imperare sibi maximum imperium est.

Seneca ep. 113, 30

Sich selbst zu beherrschen bedeutet größte Macht.

Imperii et divitiarum causa bella atque certamina omnia inter mortales sunt.

Nach Sallust Cat. 33, 4

Alle Kriege und jeder Streit unter Menschen entbrennt um der Macht und des Reichtums willen.

Iniqua numquam regna perpetuo manent.

Seneca Med. 196

Ungerechte Herrschaft hat nie auf Dauer Bestand.

In principatu commutando saepius / nil praeter domini nomen mutant pauperes.

Phaedrus I 15, 1 f.

Beim Wechsel der Regierung verändert sich / für die Armen meist nichts außer dem Namen des Herrn.

Longae regibus manus.

Nach Ovid Her. XVII 166

Weit reicht der Könige Arm.

Minimum decet libere, cui multum licet.

Seneca Troad. 336

Wem viel erlaubt ist, dem ziemt es, sich wenig zu erlauben.

Multa ignoscendo fit potens potentior.

Publilius Syrus

Indem er viel verzeiht, wird der Mächtige noch mächtiger.

M

Necesse est multos timeat, quem multi timent.

Laberius

Notwendigerweise muss derjenige viele fürchten, den viele fürchten.

Nec vero imperia expetenda ac potius aut non accipienda interdum aut deponenda nonnumquam.

Cicero off. I 68

Eine Machtstellung sollte man nicht anstreben oder sie jedenfalls manchmal nicht annehmen oder mitunter aufgeben.

Nec umquam satis fida potentia, ubi nimia est.

Tacitus hist. II 92, 2

Nirgendwo ist Macht sicher genug, wo sie zu groß ist.

Nulla potentia scelere quaesita diuturna.

Curtius Rufus X 1, 6

Keine verbrecherisch errungene Macht ist dauerhaft.

Numquam est fidelis cum potente societas.

Phaedrus I 5, 1

Nie kann man sich auf das Bündnis mit einem Mächtigen verlassen.

Omnis nimia potentia saluberrima brevitate constringitur.

Seneca contr. III 23

Jede übermäßige Macht wird zum Glück durch eine kurze Dauer begrenzt.

Omnis potestas inpatiens consortis.

Lucan Phars. I 92 f.

Keine Macht will teilen.

Optimus est post malum principem dies primus.

Tacitus hist. IV 42, 6

Nach einem schlechten Herrscher ist der erste Tag der beste.

M

Potestas non solum si invitet, sed etiam si supplicet, cogit.

Macrobius sat. II 7, 2

Der Mächtige übt nicht nur Zwang aus, wenn er einlädt, sondern auch, wenn er bittet.

Rarum in societate potentiae concordes.

Tacitus ann. XIII 2

Selten sind gemeinsam Herrschende einig.

Vis consili expers mole ruit sua.

Horaz c. III 4, 65

Rohe Gewalt ohne Vernunft stürzt durch eigene Wucht ins Verderben.

MANN

Forma viros neglecta decet.

Ovid AA I 509

Vernachlässigung äußerer Schönheit steht dem Mann.

Non est vir fortis ac strenuus, qui laborem fugit.

Seneca ep. 22, 7

Das ist kein tapferer und tüchtiger Mann, der vor Anstrengungen flieht.

Veni igitur, si vir es!

Cicero fam. IX 17, 3

Komm also, wenn du ein Mann bist!

MASS

Aurea mediocritas.

Horaz c. II 10, 5

Das goldene Mittelmaß.

Cum libentissime edis, tum auferatur cena!

Nach Gellius XV 8, 2

Wenn du am genüsslichsten speist, sollte das Essen abgeräumt werden.

Est modus in rebus, sunt certi denique fines, / quos ultra citraque nequit consistere rectum.

Horaz sat. I 1, 106 f.

Es gibt ein Maß in den Dingen, es gibt schließlich klare Grenzen, / bei deren Überschreitung zur einen oder anderen Seite das Richtige keinen Bestand haben kann.

Est modus matulae.

Varro sat.

Auch der Nachttopf hat sein Maß.

In plerisque rebus mediocritas optima est.

Cicero off. I 130

Bei den meisten Dingen ist die rechte Mitte das Beste.

Magni pectoris est inter secunda moderatio.

Seneca suas. I 3

Sich im Glück zu mäßigen ist Ausdruck eines starken Charakters.

Medio tutissimus ibis.

Ovid Met. II 137

In der Mitte wirst du am sichersten gehen.

Mediocritas est inter nimium et parum.

Nach Cicero off. I 89

Die richtige Mitte liegt zwischen zu viel und zu wenig.

Metiri se quemque suo modulo ac pede verum est.

Horaz epist. I 7, 98

Ein jeder messe sich mit seinem eigenen Maß und Fuß – das ist das Richtige.

Moderata durant.

Seneca Troad. 259

Maßvolles hat seine Dauer.

Modum tenere debemus.

Seneca clem. pr.2, 2

Wir müssen Maß halten.

Modus adhibendus est.

Cornelius Nepos Epamin. 15, 4

Man muss Maß halten.

Modus est optimus decus tenere nec progredi longius.

Nach Cicero off. I 141

Das beste Maß ist es, Anstand zu wahren und nicht darüber hinauszugehen.

Modus omnibus rebus optumum est habitu.

Plautus Poen. 238

Maß halten ist das Beste in allen Dingen.

Ne quid nimis.

Terenz Andr. 61

Nichts im Übermaß!

Nec deus intersit, nisi dignus vindice nodus / inciderit.

Horaz AP 191 f.

Und nicht soll ein Gott dort eingreifen, wo nicht ein Knoten vorliegt, den nur ein Befreier entwirren kann.

Nescia mens hominum fati sortisque futurae / et servare modum rebus sublata secundis.

Vergil Aen. X 501 f.

Nichts weiß der Mensch vom Schicksal und künftigen Los, / nicht weiß er Maß zu halten auf des Glückes Höhe.

Nimium non placet, etiam quod bonum putatur.
Cassiodor inst. var. X 3, 7

Auch wenn man etwas für gut erachtet, gefällt es im Übermaße nicht.

Non semper Saturnalia erunt.
Seneca Apoc. 12

Nicht ununterbrochen wird Karneval sein.

Noscenda est mensura sui spectandaque rebus in summis minimisque.
Juvenal XI 35

Man sollte das eigene Maß kennen und es in kleinsten wie in größten Dingen beachten.

Omnis in modo est virtus.
Seneca ep. 66, 9

Jede Tugend beruht auf dem Maß.

Parvum parva decent.
Horaz epist. I 6, 44

Für Kleine ziemt sich Kleines.

Qui sua metitur pondera, ferre potest.
Martial XII 98, 8

Wer seine Lasten richtig einschätzt, kann sie tragen.

M

Verus amor nullum novit habere modum.
Properz II 15, 30

Wahre Liebe kennt kein Maß.

Vitium est ubique, quod nimium est.
Quintilian inst. or. VIII 3, 42

In jedem Übermaß liegt ein Fehler.

MEDIZIN

Crudelem medicum intemperans aeger facit.
Publilius Syrus

Ein leichtsinniger Kranker macht den Arzt grausam.

Desperatis etiam Hippocrates vetat adhibere medicinam.
Cicero Att. XVI 17, 5

In verzweifelten Fällen verbietet selbst Hippokrates, eine Medizin zu geben.

In morbis nihil perniciosius quam immatura medicina.

Seneca ad Helv. cons. 1

Bei Krankheiten ist nichts unheilvoller als eine vorschnell verabreichte Medizin.

Male secum agit aeger, medicum qui heredem facit.

Publilius Syrus

Übel spielt sich der Kranke mit, der seinen Arzt zum Erben einsetzt.

Medicina soror philosophiae.

Nach Tertullian an. 2

Die Medizin ist die Schwester der Philosophie.

Medicina vinci fata non possunt.

Quintilian decl. 268

Durch die Medizin lässt sich das Schicksal nicht besiegen.

Medicus nihil aliud est quam animi consolatio.

Petron 42, 5

Der Arzt ist nichts anderes als ein Seelentrost.

M

Nec ulla dura videtur curatio, cuius salutaris effectus est.

Seneca ira I 6

Keine Behandlung erscheint hart, an deren Ende die Heilung steht.

Nihil aeque sanitatem impedit quam remediorum crebra mutatio.

Seneca ep. 2, 3

Nichts steht der Gesundung so im Wege wie ein häufiger Wechsel der Arzneien.

Plurima remedia continuata proficiunt.

Seneca ep, 69, 2

Am meisten wirken Arzneien, die kontinuierlich eingenommen werden.

Si valeant homines, ars tua, Phoebe, iacet.

Ovid trist. IV 3, 78

Wenn es den Menschen gut geht, ruht, Phoebus, deine Kunst. (*Phoebus Apollo als Gott der Heilkunst.)*

MENSCHLICHKEIT

Adversos miseros inhumanus est iocus.

Quintilian inst. or. VI 3, 33

Gegenüber Menschen im Elend ist Spott unmenschlich.

Aliquando rideo, iocor, ludo, utque omnia innoxiae remissionis genera breviter amplectar: homo sum.

Plinius ep. V 3, 2

Manchmal lache, scherze und spiele ich, und um alle Arten harmloser Entspannung kurz zusammenzufassen: Ich bin ganz Mensch.

Conveniens homini est hominem servare voluptas.

Ovid ep. ex Ponto II 9, 39

Menschen zu retten ist eine Lust, die Menschen zukommt.

Deus est mortali iuvare mortalem.

Plinius NH II 18

Gott sein heißt für den Sterblichen: einem Sterblichen zu helfen.

M

Dum inter homines sumus, colamus humanitatem!

Seneca ira III 43, 3

Solange wir unter Menschen sind, wollen wir die Menschlichkeit pflegen.

Hominem homini natura conciliat.

Seneca ep. 9, 17

Die Natur verbindet den Menschen mit dem Menschen.

Homo homini deus est, si suum officium sciat.

Caecilius

Der Mensch ist dem Menschen Gott, wenn er sich auf seine Pflicht versteht.

Homo inter homines sum.

Petron 57, 5

Ich bin Mensch unter Menschen.

Homo sacra res homini.

Seneca ep. 95, 33

Der Mensch soll dem Menschen heilig sein.

Homo sum: humani nil a me alienum puto.
Terenz Heaut. 77

Ich bin Mensch, nichts Menschliches ist mir fremd.

Humanum amarest; humanum autem ignoscerest.
Plautus Merc. 320

Es ist menschlich zu lieben; aber es ist auch menschlich zu verzeihen.

Magna est vis humanitatis; multum valet communio sanguinis.
Cicero Rosc. Am. 63

Groß ist die Macht der Menschlichkeit; viel bewirkt die Gemeinschaft des Blutes.

O quam contempta res est homo, nisi supra humana surrexerit!
Seneca NQ I pr. 5

Welch ein verachtenswertes Ding ist der Mensch, wenn er sich nicht über das Menschliche erhebt!

Quis vitia odit, homines odit.
Plinius ep. VIII 22, 3

Wer Fehler hasst, hasst Menschen.

Sic vive cum hominibus, tamquam deus videat; sic loquere cum deo, tamquam homines audiant.
Seneca ep. 10, 5

Lebe so mit den Menschen, als sähe dir die Gottheit dabei zu; sprich so mit der Gottheit, als hörten die Menschen dabei zu.

Tam ego sum homo quam tu.
Plautus Asin. 490

Ich bin Mensch wie du.

MÜHE

Frustra niti neque aliud se fatigando nisi odium quaerere extremae dementiae est.
Sallust Jug. 3, 3 f.

Sich vergebens abzumühen und sich durch das Abrackern nur Hass zuzuziehen zeugt von äußerstem Wahnsinn.

Iucundi acti labores.
Cicero fin. II 105

Angenehm sind vollbrachte Mühen.

Labores Herculis.
Properz II 23, 7

Herculische Mühen.

Nil sine magno / vita labore dedit mortalibus.
Horaz sat. I 9, 59 f.

Nichts hat das Leben / den Menschen ohne große Mühe geschenkt.

Oleum et operam perdidi.
Plautus Poen. 332

Ich habe Öl und Mühe verschwendet.

Quae regio in terris nostri non plena laboris?
Vergil Aen. I 460

Welche Gegend auf Erden ist nicht voll unserer Mühe?

Solet sequi laus, cum viam fecit labor.
Publilius Syrus

Lob pflegt zu folgen, wenn Mühe den Weg bereitet hat.

Tantae molis erat Romanam condere gentem.
Vergil Aen. I 33

So großer Mühe bedurfte es, das römische Volk zu begründen.

MUT

Alea iacta est!
Caesar bei Sueton Caes. 32

Der Würfel ist gefallen!

Audacia pro muro habetur.
Sallust Cat. 58, 17

Im Mut besitzt man eine Mauer.

Audendum est: fortes adiuvat ipsa Venus.
Tibull I 2, 16

Man muss etwas wagen: Den Tapferen hilft auch Venus.

Audentes deus ipse iuvat.
Ovid Met. X 586

Gott selbst hilft den Mutigen.

Audentes fortuna iuvat.
Vergil Aen. X 284

Dem Mutigen hilft das Glück.

Bonus animus in mala re dimidium est mali.
Plautus Pseud. 452

Guter Mut nimmt im Unglück die Hälfte des Unglücks.

Crescit audacia experimento.
Plinius ep. IX 33, 6

Mit dem Ausprobieren wächst der Mut.

I nunc, tolle animos et tecum finge triumphos!
Properz III 18, 17

Geh nun, nimm deinen Mut zusammen und stelle dir Triumphe vor!

(Multa) non quia difficilia sunt, non audemus, sed quia non audemus, sunt difficilia.
Seneca ep. 104, 26

(Vieles) wagen wir nicht, nicht weil es schwierig wäre; sondern es ist schwierig, weil wir es nicht wagen.

M

Nunc animis opus, Aenea, nunc pectore firmo.
Vergil Aen. VI 621

Jetzt brauchst du Mut, Aeneas, jetzt ein starkes Herz.

Quondam etiam victis redit in praecordia virtus.
Vergil Aen. II 367

Irgendwann kehrt auch Besiegten der Mut ins Herz zurück.

Suspice, etiam si decidunt, magna conantes.
Seneca vita beata 20

Bewundere die, die Großes versuchen, auch wenn sie scheitern.

Tu ne cede malis, sed contra audentior ito, / quam tua te fortuna sinet.
Vergil Aen. VI 95 f.

Weiche du dem Übel nicht, sondern tritt ihm mutiger entgegen, / als es dein Schicksal dir zugestehen will.

NACHLEBEN, NACHRUHM

Dignum laude virum Musa vetat mori, / caelo Musa beat.

Horaz c. IV 8, 28f.

Den Menschen, der Ruhm verdient, lässt die Muse nicht sterben; zum Himmel hebt die Muse ihn empor.

Exegi monumentum aere perennius.

Horaz c. III 30, 1

Ich habe mir ein Denkmal geschaffen, das dauerhafter ist als Erz.

Impensa monumenti supervacua est; memoria nostra durabit, si vita meruimus.

Seneca ep. 9, 19

Der Aufwand eines Grabmals ist überflüssig. Die Erinnerung an uns wird Bestand haben, wenn wir es durch unsere Lebensführung verdient haben.

Non omnis moriar multaque pars mei / vitabit Libitinam.

Horaz c. III 30, 6f.

Ich werde nicht ganz sterben; ein großer Teil von mir wird der Totengöttin entgehen.

NACHT

Curarum maxima nutrix nox.

Ovid Met. VIII 81

Größte Nährerin der Sorgen – die Nacht.

Iamque quiescebant voces hominumque canumque.

Ovid trist. I 3, 27

Und schon schwiegen die Stimmen der Menschen und Hunde.

Nocte latent mendae.

Ovid AA I 249

Nachts bleiben Fehler verborgen.

Nox et amor vinumque nihil moderabile suadent; / illa pudore vacat, Liber Amorque metu.

Ovid am. I 6, 59f.

Nacht, Liebe und Wein raten nicht gerade zur Mäßigung; / die Nacht kennt keine Scheu, Wein und Liebe keine Furcht.

Nox erat et caelo fulgebat luna sereno.

Horaz epod. XV 1

Nacht war's und strahlend glänzte am heiteren Himmel der Mond.

Per amica silentia lunae.

Vergil Aen. II 255

In der freundlichen Stille des Mondes.

NATUR

Divina natura dedit agros, ars humana aedificavit urbes.

Varro r.r.III 1

Die göttliche Natur hat uns das Land geschenkt, die Städte aber hat menschliche Kunst erbaut.

Natura duce errare nullo modo possumus.

Nach Cicero leg. I 20

Unter Führung der Natur können wir uns auf keinen Fall verirren.

Natura duce utendum est.

Seneca vita beata 8, 1

Man muss die Führung der Natur nutzen.

Naturae rerum vis atque maiestas in omnibus momentis fide caret, si quis modo partes eius ac non totam complectatur animo.

Plinius NH VII 7

Macht und Majestät der Natur sind in allen Stücken unglaubhaft, wenn man nur Teile von ihr und nicht das Ganze im Geiste erfasst.

Naturam expellas furca, tamen usque recurret.

Horaz epist. I 10, 24

Du magst die Natur mit der Mistgabel austreiben – sie kehrt doch beharrlich zurück.

Naturam mutare difficile est.

Seneca ira II 20, 2

Es ist schwer, die Natur zu verändern.

Naturam si sequemur ducem, numquam aberrabimus.

Cicero off. I 100

Wenn wir uns der Führung der Natur anvertrauen, werden wir nie in die Irre gehen.

Nihil natura portionibus parit.

Plinius NH XVII 177

Die Natur bringt nichts stückweise hervor.

Numquam aliud natura, aliud sapientia dicit.

Juvenal XIV 321

Nie sagt die Natur das eine und die Weisheit das andere.

Rerum natura creatrix.

Lukrez I 629

Die Natur, die Schöpferin der Dinge.

Sequitur natura mundum administrari.

Cicero nat deor. II 85

Daraus folgt, dass die Welt von der Natur gelenkt wird.

Si ad naturam vives, numquam eris pauper; si ad opinionem, numquam eris dives.

Seneca ep. 16, 7

Wenn du der Natur gemäß lebst, wirst du niemals arm sein; wenn nach der öffentlichen Meinung, wirst du niemals reich sein.

Sufficit ad id natura, quod poscit.

Seneca ep. 90, 18

Die Natur reicht für das, was sie fordert, aus.

NEID

Assidua eminentis fortunae comes est invidia.

Nach Velleius Paterculus I 9, 6

Ständiger Begleiter einer herausragenden Stellung ist der Neid.

Fertilior seges est alienis semper in agris / vicinumque pecus grandius uber habet.

Ovid AA I 349 f.

Fruchtbarer ist stets die Saat auf fremden Feldern / und das Vieh des Nachbarn hat ein pralleres Euter.

Ingenium magni livor detractat Homeri.

Ovid rem. 365

Neid setzt sogar das Genie des großen Homer herab.

Invidet aliquis facilius quam imitabitur.

Plinius NH XXXV 36

Es ist leichter, jemanden zu beneiden, als es ihm nachzutun.

Invidia gloriae comes.

Cornelius Nepos Chabr. 3, 3

Neid ist der Begleiter des Ruhms.

Invidia Siculi non invenere tyranni / maius tormentum.

Horaz epist. I 2, 58 f.

Nicht einmal sizilische Tyrannen haben ein schlimmeres Folterinstrument erfunden als den Neid.

Invidia vipera.

Nach Ovid Met. II 760 ff.

Der Neid ist eine Schlange.

Invidiam quod habet, non solet esse diu.

Properz II 25, 34

Was Neid hervorruft, ist meist nicht von langer Dauer.

Invidus alterius macrescit rebus opimis.

Horaz epist. I 2, 57

Der Neider magert ab beim Anblick fremden Wohlstands.

Nulla tam modesta felicitas est, quae malignitatis dentes vitare possit.

Valerius Maximus IV 7 ext. 2

Kein Glück ist so bescheiden, dass es den Zähnen der Missgunst entgehen könnte.

Numquam eminentia invidia carent.

Velleius Paterculus II 40, 4

Herausragendes entgeht niemals dem Neid.

Omnibus invideas, livide, nemo tibi.

Martial I 40, 2

Magst du, Neidhammel, alle beneiden; dich beneidet keiner.

Pascitur in vivis livor, post fata quiescit.

Ovid am. I 15, 39

Neid weidet sich an den Lebenden, erst nach dem Tode gibt er Ruhe.

Post gloriam invidia sequitur.

Sallust Jug. 55, 3

Auf Ruhm folgt Neid.

Quam magnus mirantium, tam magnus invidentium populus est.

Seneca vita beata 2

So groß wie die Menge der Bewunderer ist die der Neider.

Rumpitur invidia.

Martial IX 97, 1

Er platzt vor Neid.

Sicuti pleraque mortalium habentur, invidia ex opulentia oritur.

Sallust Cat. 6, 3

Wie es zumeist bei den Menschen der Fall ist, entsteht Neid aus Wohlstand.

N

NEUES

Aures hominum novitate laetantur.

Plinius ep. VIII 18, 12

Die Ohren der Menschen erfreuen sich an Neuigkeiten.

Est quoque cunctarum novitas carissima rerum.

Ovid ep. ex Ponto III 4, 51

Auch ist von allen Dingen die Neuigkeit uns das Liebste.

Maior ignotarum rerum est terror.

Livius XXVIII 44, 3

Der von unbekannten Dingen ausgehende Schrecken ist größer.

Iuvat integros accedere fontis / atque haurire, iuvatque novos decerpere flores.

Lukrez I 927 f.

Freude macht es, sich unberührten Quellen zu nähern / und daraus zu schöpfen; und Freude macht es, neue Blüten zu pflücken.

Natura hominum novitatis avida.
Plinius NH XII 5

Die Natur des Menschen ist begierig nach Neuem.

Nemo est tam fortis, quin rei novitate perturbetur.
Caesar BG VI 39, 3

Niemand ist so tapfer, dass er sich nicht durch das überraschend Neue einer Sache in Verwirrung bringen ließe.

Nihil est curiosius otiosis.
Plinius IX 32

Nichts ist neugieriger als Leute, die Zeit haben.

Nullum est iam dictum, quod non sit dictum prius.
Terenz Eun. 41

Es gibt nichts, das nicht zuvor schon gesagt worden wäre.

Omnia sic transeunt, ut revertantur. Nihil novi facio, nihil novi video: fit aliquando et huius rei nausia.
Seneca ep. 24, 26

Alles geht in der Weise vorüber, dass es wiederkehrt. Nichts Neues tue ich, nichts Neues sehe ich; irgendwann empfinde ich auch daran Überdruss.

NOTWENDIGKEIT

Adversus necessitatem ne di quidem resistunt.
Nach Livius IX 4, 16

Gegen die Notwendigkeit können selbst Götter nichts ausrichten.

Aequo animo excipe necessaria!
Seneca ep. 99, 22

Ertrage mit Gleichmut, was notwendig ist!

Dira necessitas.
Horaz c. III 24, 6

Schreckliche Notwendigkeit.

Effugere non potes necessitates, potes vincere.
Seneca ep. 37, 3

Entfliehen kann man der Notwendigkeit nicht, wohl aber sie besiegen.

Facis de necessitate virtutem.
Hieronymus Ruf. 3, 2

Du machst aus der Not eine Tugend.

Ignaviam quoque necessitas acuit.
Curtius Rufus V 4, 31

Notwendigkeit spornt selbst die Feigen an.

Necessitas ante rationem est.
Curtius Rufus VII 7, 10

Notwendigkeit geht vor Vernunft.

Necessitas dat legem, non ipsa accipit.
Publilius Syrus

Die Notwendigkeit gibt das Gesetz, ohne selbst eines zu akzeptieren.

Necessitas etiam timidos fortis facit.
Nach Sallust Cat. 58, 19

Die Notwendigkeit macht auch Ängstliche tapfer.

Necessitas plus posse quam pietas solet.
Seneca Troad. 581

Die Notwendigkeit hat meist mehr Kraft als das Pflichtgefühl.

N

Necessitas, quod poscit, nisi des, eripit.
Publilius Syrus

Was die Notwendigkeit von dir fordert, entreißt sie dir, wenn du es ihr nicht gibst.

Necessitas ultimum ac maximum telum est.
Livius IV 28, 5

Die Notwendigkeit ist die äußerste und schlimmste Waffe.

Necessitatem ferre, non flere addecet.
Publilius Syrus

Es ziemt sich, die Notwendigkeit zu ertragen, nicht, sie zu beweinen.

Necessitati parendum est.
Nach Cicero off. II 74

Der Notwendigkeit muss man sich beugen.

Nihil necesse sapienti est. *Seneca ep. 9, 14*	*Für den Weisen existiert die Notwendigkeit nicht.*
Te semper anteit saeva necessitas. *Horaz c. I 35, 17*	*Stets geht sie vor dir her: die grimmige Notwendigkeit.*
Veniam necessitati dare. *Cicero off. II 56*	*Der Notwendigkeit Tribut zollen.*

N

RACHE

At vindicta bonum vita iucundius ipsa.
Juvenal XIII 180

Rache aber ist ein süßeres Gut als das Leben selbst.

Minuti semper et infirmi est animi exiguique voluptas / ultio.
Juvenal XIII 191 f.

Die Lust an der Rache ist stets Ausdruck eines kleinlichen, schwachen und beschränkten Geistes.

Nihil dulcius est ultione.
Quintilian decl. 381

Nichts ist süßer als die Rache.

Qui asinum non potest, stratum caedit.
Petron 45, 8

Wer den Esel nicht erwischt, schlägt den Sattel.

Sequitur improbos ultor a tergo deus.
Seneca Herc. fur. 385

Den Bösen folgt ein rächender Gott im Rücken.

Stultum est ulcisci velle alium poena sua.
Publilius Syrus

Dumm ist es, sich an jemandem rächen zu wollen, wenn man sich dabei selbst straft.

Vindicta / nemo magis gaudet quam femina.
Juvenal XIII 191 f.

Niemandem bereitet Rache größere Freude als der Frau.

R

RECHT

Aequum inter omnes cives ius sit.
Seneca ep. 86, 2

Unter allen Bürgern herrsche gleiches Recht.

Apices iuris.
Digesta XVII 1, 29, 4

Juristische Spitzfindigkeiten.

Hominum causa omne ius constitutum est.

Nach Digesta I 5, 2

Jedes Recht ist um der Menschen willen gesetzt.

Iura inventa metu iniusti fateare necesse est, / tempora si fastosque velis evolvere mundi.

Horaz sat. I 3, 111 f.

Dass Recht aus Furcht vor Ungerechtigkeit erfunden worden ist, musst du einräumen, / wenn du im Buch der Menschheitsgeschichte blättern willst.

Ius civile neque inflecti gratia neque perfringi potentia neque adulterari pecunia debet.

Nach Cicero Cael. 73

Das bürgerliche Recht darf weder durch Gunsterweis gebeugt noch durch Macht gebrochen noch durch Geld korrumpiert werden.

Ius in natura positum est.

Cicero leg. I 34

Recht gründet sich auf die Natur.

Ius semper est quaesitum aequabile; neque enim aliter esset ius.

Cicero off. II 42

Stets ist ja das Recht gesucht worden, das Gleichheit garantiert. Sonst gäbe es nämlich kein Recht.

Ius summum saepe summa est malitia.

Terenz Heaut. 796

Überspitztes Recht ist oft größte Tücke.

R

Nulla est iniuria, quae in volentem fiat.

Digesta XXXXVII 10, 1, 5

Gegenüber einem, der einverstanden ist, liegt kein Unrecht vor.

Omnia sunt incerta, cum a iure discessum est.

Cicero fam. IX 16, 3

Alles ist unsicher, wenn man einmal den Weg des Rechts verlassen hat.

Potius ignorantia iuris litigiosa est quam scientia.
Cicero leg. I 18

Die Unkenntnis des Rechts führt eher zu Rechtsstreit als seine Kenntnis.

Summum ius, summa iniuria.
Cicero off. I 33

Ganz konsequent angewandtes Recht ist größtes Unrecht.

Volenti non fit iniuria.
Digesta XXXXVII 10, 1, 5

Einem, der es so will, widerfährt kein Unrecht.

REDEN UND SCHWEIGEN

Alium silere quod vis, primus sile.
Seneca Phaedra 876

Worüber ein anderer nach deinem Willen schweigen soll, darüber schweige du zuerst!

Auditorum benevolentia crescit dicentium facultas.
Priscian 7, 34

Mit dem Wohlwollen der Zuhörer wächst das Können der Redenden.

Brevis esse laboro, / obscurus fio.
Horaz AP 25 f.

Ich strenge mich an, mich kurz zu fassen – / und werde dunkel.

Cetera mitte loqui!
Horaz epod. XIII 7

Sprich nicht weiter!

Conticuere omnes.
Vergil Aen. II 1

Da verstummten alle.

Contra verbosos noli contendere verbis: / sermo datur cunctis, animi sapientia paucis.
Disticha Catonis I 10

Gegen Wortgewaltige kämpfe nicht mit Worten: / Sprache ist allen gegeben, Weisheit des Geistes nur wenigen.

Cum tacent, clamant.
Cicero Cat. I 21

Indem sie schweigen, schreien sie.

Dicere fortasse, quae sentias, non licet; tacere plane licet.
Cicero fam. IV 9, 2

Vielleicht darfst du nicht sagen, was du denkst, schweigen darfst du auf jeden Fall.

Est et fideli tuta silentio merces.
Horaz c. III 2, 25

Es gibt auch für treues Schweigen einen sicheren Lohn.

Exigua est virtus praestare silentia rebus; / at contra gravis est culpa tacenda loqui.
Ovid AA II 603 f.

Keine besondere Tugend ist es, über Dinge zu schweigen; / dagegen ist es eine schwere Schuld, über etwas zu sprechen, über das man schweigen müsste.

Favete linguis!
Horaz c. III 1, 2

Schweigt in Andacht!

Fecundi calices quem non fecere disertum?
Horaz epist. I 5, 19

Wen hätten volle Becher nicht beredt gemacht?

Lingua, sile! Non est ultra narrabile quicquam.
Ovid ep. ex Ponto II 2, 59

Zunge, schweig still! Es gibt nichts darüber hinaus zu erzählen.

R

Malim equidem indisertam prudentiam quam stultitiam loquacem.
Cicero de or. III 142

Ich jedenfalls möchte wenig eloquente Klugheit geschwätziger Dummheit vorziehen.

Nemo silens placuit, multi brevitate loquendi.
Ausonius epist. 14, 44

Keiner gefällt, wenn er nur schweigt; viele gefallen durch die Kürze ihres Sprechens.

Nescit vox missa reverti.
Horaz AP 390

Ein einmal ausgesprochenes Wort kann nicht zurückkehren.

Nihil est tam incredibile, quod non dicendo fiat probabile.
Cicero parad. Stoic. pr. 3

Nichts ist so unglaublich, dass es durch Reden nicht wahrscheinlich gemacht werden könnte.

Nil est dictu facilius.
Terenz Phormio 300

Nichts ist leichter, als zu reden.

Noli ex taciturnitate nostra, quid aut probemus hoc tempore aut improbemus, iudicare!
Cicero Qu. fr. II 1, 1

Ziehe aus unserem Schweigen keine Schlüsse darüber, was wir zurzeit billigen und was wir ablehnen.

Noli rogare, quom impetrare nolueris.
Seneca ep. 95, 1

Bitte nicht, wenn du nichts erreichen willst.

Noli tu quaedam referenti credere semper: / exigua est tribuenda fides, qui multa loquuntur.
Disticha Catonis II 20

Glaube nicht stets dem, der dir irgendetwas erzählt; / wer viel redet, verdient nur wenig Glauben.

Non minus interdum oratorium est tacere quam dicere.
Nach Plinius ep. VII 6, 7

Manchmal ist es nicht weniger eloquent zu schweigen, als zu reden.

Nulli tacuisse nocet.
Disticha Catonis I 12

Keinem schadet es zu schweigen.

Obstipui tacitus sustinuique gradum.
Ovid Fasti VI 398

Ich verstummte in Schweigen und hemmte den Schritt.

Optimus est orator, qui dicendo animos audientium et docet et delectat et permovet.
Cicero opt. gen. 3

Am besten ist der Redner, der durch seine Rede die Zuhörer belehrt, erfreut und emotional bewegt.

Oratio cultus animi est.

Seneca ep. 115, 2

Die Rede ist die Zierde des Geistes.

Potius amicum quam dictum perdidi.

Quintilian inst. or. VI 3, 28

Lieber habe ich einen Freund verloren als ein Bonmot unterdrückt.

Qui pro innocente dicit, satis est eloquens.

Publilius Syrus

Wer für einen Unschuldigen spricht, ist beredt genug.

Qui tacet, non fatetur; sed tamen verum est eum non negare.

Digesta L 17, 142

Wer schweigt, gesteht nicht; gleichwohl ist es wahr, dass er nicht leugnet.

Quod sentimus, loquamur; quod loquimur, sentiamus: concordet sermo cum vita.

Seneca ep. 75, 4

Was wir denken, wollen wir sagen; was wir sagen, wollen wir denken: Die Rede stimme mit dem Leben überein.

Res est magna tacere.

Martial IV 81, 6

Schweigen ist eine große Sache.

Saepe tacens vocem verbaque vultus habet.

Ovid AA I 574

Oft hat eine schweigende Miene Stimme und Wort.

R

Si tacuisses, philosophus mansisses.

Nach Publilius Syrus

Wenn du geschwiegen hättest, wärest du ein Philosoph geblieben.

Speculum cordis hominum verba sunt.

Cassiodor inst. var. VI 9, 4

Die Worte der Menschen sind Spiegel ihrer Herzen.

Tacent: satis laudant.

Terenz Eun. 476

Sie schweigen: so loben sie genug.

Taciturnitas stulto homini pro sapientia est.

Publilius Syrus

Den Mund halten zu können ist die Weisheit des Dummen.

Talis hominibus oratio qualis vita.

Seneca ep. 114, 1

Die Menschen reden, wie sie leben.

Tu quid, tu apud quos, tu de quo dicas, intellegis?

Cicero Pis. 75

Weißt du überhaupt, was du da redest, bei wem und worüber?

Turpe est aliud loqui, aliud sentire.

Seneca ep. 24, 19

Es ist schändlich, das eine zu sagen und das andere zu denken.

Virtutem primam esse puto compescere linguam: / proximus ille deo est, qui scit ratione tacere.

Disticha Catonis I 3

Für die wichtigste Tugend halte ich es, seine Zunge im Zaum zu haben; / der ist Gott am nächsten, der mit Überlegung zu schweigen versteht.

REGIERUNG

An nescis longas regibus esse manus?

Ovid Her. XVII 168

Weißt du denn nicht, dass der Arm von Königen weit reicht?

Ars prima regni est posse invidiam pati.

Seneca Herc. fur. 11

Die wichtigste Kunst des Regierens besteht darin, Neid ertragen zu können.

Id firmissimum longe imperium est, quo oboedientes gaudent.

Livius VIII 13, 16

Das ist die bei weitem stabilste Regierung, unter der die Untertanen Freude empfinden.

Populi imperium iuxta libertatem, paucorum dominatio regiae libidini propior est.

Tacitus ann. VI 42, 2

Die Demokratie ist der Freiheit benachbart, die Herrschaft einiger weniger ist näher am Willkürregiment eines Königs.

Qui rei publicae praefuturi sunt, utilitatem civium sic tueantur, ut, quaecumque agunt, ad eam referant, obliti commodorum suorum.

Nach Cicero off. I 85

Die Regierenden sollen den Nutzen ihrer Mitbürger so im Auge haben, dass sie alles, was sie tun, an ihm ohne Rücksicht auf ihre eigenen Interessen messen.

REICHTUM

Ad veras te converte divitias: disce parvo esse contentus.

Seneca ep. 110, 18

Wende dich dem wahren Reichtum zu: Lerne, mit wenigem zufrieden zu sein.

Brevissima ad divitias per contemptum divitiarum via est.

Seneca ep. 62, 3

Der kürzeste Weg zum Reichtum führt über die Verachtung des Reichtums.

Compara inter se pauperum et divitum vultus: saepius pauper et fidelius ridet.

Seneca ep. 80, 6

Vergleiche die Mienen armer und reicher Menschen miteinander – öfter und aufrichtiger lacht der Arme.

Crescentem sequitur cura pecuniam / maiorumque fames.

Horaz c. III 16, 17f.

Der wachsenden Geldmenge folgen die Sorge / und der Hunger nach mehr.

Dantur opes nulli nunc nisi divitibus.

Martial V 81, 2

Heutzutage wird Reichtum nur den Reichen zuteil.

Desine philosophis pecunia interdicere; nemo sapientiam paupertate damnavit.

Seneca vita beata 23

Hör auf damit, Philosophen Reichtum zu untersagen; kein Mensch hat Philosophen zur Armut verdammt.

Dives est, cui tanta possessio est, ut nihil optet amplius.

Cicero parad. Stoic. 6, 1

Reich ist, wer so viel besitzt, dass er nicht mehr haben will.

Dives qui fieri vult, /et cito vult fieri.

Juvenal XIV 176 f.

Wer reich werden will, will es auch schnell werden.

Divitiae apud sapientem virum in servitute sunt, apud stultum in imperio.

Seneca vita beata 26, 1

Einem weisen Menschen dient der Reichtum, einem dummen befiehlt er.

Divitiarum et formae gloria fluxa et fragilis est.

Sallust Cat. 1, 4

Ruhm, der von Reichtum und Schönheit ausgeht, ist flüchtig und vergänglich.

Divitiis homines an sint virtute beati?

Horaz sat. II 6, 74

Ist's der Reichtum, der die Menschen glücklich macht, oder ist's die Tugend?

Divitis ad manes nil feret umbra suos.

Nach Ovid trist. V 14, 12

Der Schatten des Reichen wird nichts ins Jenseits mitnehmen.

Dummodo sit dives, barbarus ipse placet.

Ovid AA II 276

Ist er nur reich, so gefällt selbst ein Barbar.

Et genus et virtus, nisi cum re, vilior alga est.

Horaz sat. II 5, 8

Abstammung und Tüchtigkeit sind, wenn das Vermögen fehlt, wertloser als Seegras.

Haud ullas portabis opes Acherontis ad undas; / nudus ad infernas, stulte, vehere rates.

Properz III 5, 13 f.

Keine Schätze wirst du zu den Fluten des Acheron mitnehmen, / nackt wirst du, Dummkopf, auf dem Floß der Unterwelt fahren.

Is maxime divitiis fruitur, qui minime divitiis indiget.

Seneca ep. 14, 17

Der genießt Reichtum am meisten, der ihn am wenigsten braucht.

Magnus ille, qui in divitiis pauper est.

Seneca ep. 20, 10

Groß ist, wer im Reichtum arm ist.

Multis parasse divitias non finis miseriarum fuit, sed mutatio.

Seneca ep. 17, 11

Für viele ist es nicht das Ende ihres Elends, wenn sie reich geworden sind, sondern nur eine andere Form.

Prima fere vota et cunctis notissima templis / divitiae crescant, ut opes, ut maxima toto / nostra sit arca foro.

Juvenal X 23 ff.

Fast immer ist es der erste, in allen Tempeln wohl bekannte Wunsch, / dass Reichtum und Schätze wachsen, dass unsere Geldtruhe die größte / auf dem ganzen Marktplatz sei.

Qui eget divitiis, timet pro illis.

Seneca ep. 14, 18

Wer Reichtum braucht, fürchtet für ihn.

Quid iuvat immensum te argenti pondus et auri / furtim defossa timidum deponere terra?

Horaz sat. I 1, 41 f.

Was nützt es dir, einen unermesslich großen Haufen Gold und Silber / ängstlich in den heimlich aufgegrabenen Boden zu legen?

Quis sit divitiarum modus, quaeris? Primus habere quod necesse est, proximus, quod sat est.

Seneca ep. 2, 6

Du fragst nach dem rechten Maß für Reichtum? Als Erstes: so viel zu haben, wie nötig ist; als Zweites: so viel, wie genug ist.

Sed quo divitias haec per tormenta coactas?

Juvenal XIV 135

Aber wozu ein Reichtum, der unter solchen Qualen zusammengerafft ist?

Stultitiam patiuntur opes.

Horaz epist. I 18, 29

Reichtum kann sich Dummheit leisten.

Suave est ex magno tollere acervo.

Horaz sat. I 1, 52

Angenehm ist's, vom großen Haufen zu nehmen.

REISE

Caelum, non animum mutant, qui trans mare currunt.

Seneca ep.11, 27

Das Klima ändert, nicht aber sein Inneres, wer über das Meer reist.

Et mercule non tam sum peregrinator iam quam solebam.

Cicero fam. VI 18, 5

Ich bin wahrhaftig nicht mehr so reiselustig wie früher.

Habet multum iucunditatis soli caelique mutatio.

Plinius ep. III 19, 4

Landschaft und Klima zu wechseln hat großen Reiz.

Iam mens praetrepidans avet vagari, / iam laeti studio pedes vigescunt.

Catull c. 46, 7f.

Schon drängt unruhig mein Herz zur Reise, / schon ergreift frohe Wanderlust die Füße.

RELIGION

Adversae res admonent religionum.

Livius V 51, 9

Unglück erinnert an die Religion.

Deum colit, qui novit.

Seneca ep. 95, 47

Wer ihn kennt, verehrt Gott.

Dicite, pontifices, in sancto quid facit aurum?

Persius II 69

Sagt, Priester: Was hat Gold mit einer heiligen Handlung zu tun?

Nec vero superstitione tollenda religio tollitur.

Cicero div. II 148

Nimmt man den Aberglauben weg, so nimmt man damit nicht die Religion weg.

Primus in orbe deos fecit timor.

Statius Theb. III 661

Angst war es, die zuerst auf Erden Götter erschuf.

Religentem esse oportet, religiosus ne fias.

Gellius IV 9, 1

Man muss gottesfürchtig sein, um nicht abergläubisch zu werden.

R

Religio peperit scelerosa atque impia facta.

Lukrez I 83

Religiöser Glaube hat verbrecherische und gottlose Taten hervorgebracht.

Satis deos coluit, quisquis imitatus est.

Seneca ep. 95, 50

Hinreichend verehrt die Götter, wer sie nachahmt.

Tantum religio potuit suadere malorum!

Lukrez I 101

Zu so vielen Übeln konnte Religion verleiten!

SCHAM

Deprenso pudor emittitur.
Seneca ben. VII 38, 3

Wer ertappt ist, lässt die Scham fahren.

Epistula non erubescit.
Cicero fam. V 12, 1

Ein Brief wird nicht rot.

Geminat peccatum, quem delicti non pudet.
Publilius Syrus

Doppelt sündigt, wer sich seines Vergehens nicht schämt.

Pudor si quem non flectit, non frangit timor.
Publilius Syrus

Wenn Scham jemanden nicht abschreckt, dann auch Furcht nicht.

Qui semel verecundiae fines transierit, eum bene oportet esse impudentem.
Cicero fam. V 12, 3

Wer einmal die Grenzen der Scham überschritten hat, sollte ordentlich schamlos sein.

Quod non vetat lex, hoc vetat fieri pudor.
Seneca Troad. 334

Was das Gesetz nicht verbietet, das verbietet das Schamgefühl.

Vereri perdidit.
Plautus Bacch. 158

Er hat es verlernt, sich zu schämen.

SCHICKSAL

Agunt opus suum fata.
Seneca cons. ad Marc. 21, 7

Das Schicksal erfüllt sein Werk.

Circuit fatum et, si quid diu praeteriit, repetit; quaedam rarius sollicitat, saepius quaedam; nihil immune esse et innoxium sinit.

Seneca NQ VI 1, 13

Das Schicksal macht seine Runde, und wenn es irgendwo lange vorbeigegangen ist, kommt es gleichwohl zurück; manche Gegenden sucht es seltener heim, andere häufiger, aber es lässt keine Ausnahme zu und verschont nichts.

Ducunt volentem fata, nolentem trahunt.

Seneca ep. 107, 11

Wer willig ist, den führt das Schicksal; wer sich sperrt, den schleift es mit.

Enumerare omnes fatorum vias longum est.

Seneca ep. 91, 12

Alle Wege des Schicksals aufzuzählen wäre zu lang.

Eunt via sua fata.

Seneca cons. ad Marc. 21, 6

Das Schicksal geht seinen eigenen Weg.

Fata obstant.

Vergil Aen. IV 440

Das Schicksal ist dagegen.

Fata viam invenient.

Vergil Aen. III 395

Das Schicksal wird seinen Weg finden.

Fatali lege tenemur.

Ovid Met. X 203

Wir werden vom Gesetz des Schicksals beherrscht.

S

Instat fatum mihi triste.

Horaz sat. I 9, 29

Mir droht ein schlimmes Schicksal.

Melioribus utere fatis!

Vergil Aen. VI 546

Erfreue dich eines besseren Schicksals!

Praeterita mutare non possumus.

Cicero Pis. 59

Was geschehen ist, können wir nicht ändern.

Quae fato manent, quamvis significata, non vitantur.
Tac. hist. I 18, 1

Was das Schicksal bestimmt, dem entgeht man nicht, auch wenn es noch so viele Vorzeichen gibt.

Quo fata trahunt retrahuntque, sequamur.
Vergil Aen. V 709

In welche Richtung das Schicksal uns auch zieht, wir wollen ihm folgen.

Quod fors fert, feramus aequo animo.
Nach Terenz Phorm. 138

Was das Schicksal bringt, wollen wir mit Gleichmut ertragen.

Ratio fatum vincere nulla potest.
Ovid trist. III 6, 18

Keine vernünftige Berechnung kann das Schicksal überwinden.

Si rota defuerit, tu pede carpe viam.
Ovid AA II 230

Wenn du keinen Wagen hast, geh zu Fuß!

Sic erat in fatis.
Ovid fast. I 481

So stand es im Buch des Schicksals.

Sors est sua cuique ferenda.
Manilius IV 22

Jeder muss sein Schicksal tragen.

SCHLECHTES

Catilinam quocumque in populo videas, / quocumque sub axe.
Juvenal XIV 41 f.

Einen Catilina kannst du in jedem Volk entdecken, unter jedem Himmel.*
*(*Als Anführer einer Verschwörung des Jahres 63 v. Chr. galt Catilina vielen Römern als Inbegriff des »Bösen«.)*

Ex malis eligere minima.
Cicero off. III 3

Von Übeln sollte man das kleinste wählen.

S

Homini plurima ex homine sunt mala.

Plinius NH VII 1

Am meisten Schlechtes wird dem Menschen vom Menschen zuteil.

Ingenium mala saepe movent.

Ovid AA II 43

Schlechtes erschüttert stets den Sinn.

Mala pro bonis legere dementia est.

Seneca vita beata 6, 1

Das Schlechte anstelle des Guten zu wählen ist Wahnsinn.

Male parta male dilabuntur.

Naevius bei Cicero Phil. II 65

Übel gewonnen, übel zerronnen.

Malitia ipsa maxima partem veneni sui bibit.

Seneca ep. 81, 22

Bosheit trinkt den größten Teil ihres Giftes selbst.

Malitia praemiis exercetur; ubi ea dempseris, nemo omnium gratuito malus est.

Sallust ep. ad Caes. II 8, 3

Schlechtigkeit wird durch Belohnungen gefördert. Nimmt man sie weg, ist kein Mensch zum Nulltarif schlecht.

Numquam irasci desinet sapiens, si semel coeperit: omnia sceleribus ac vitiis plena sunt.

Seneca ira II 9, 1

Nie wird der Weise aufhören zornig zu sein, wenn er einmal damit angefangen hat: Alles ist voll von Verbrechen und Lastern.

Omne malum nascens facile opprimitur, inveteratum fit plerumque robustius.

Cicero Phil. V 30

Jedes Übel lässt sich, wenn es aufkeimt, leicht bekämpfen, nistet es sich ein, gewinnt es meist an Kraft.

Qui fert malis auxilium, post tempus dolet.

Publilius Syrus

Wer schlechten Menschen hilft, bereut es nach einiger Zeit.

Sunt bona, sunt quaedam mediocria, sunt mala plura.

Martial I 16, 1

Manches ist gut, manches mittelmäßig, das meiste ist schlecht.

Video meliora proboque, / deteriora sequor.

Ovid Met. VII 20f.

Ich sehe das Bessere und schätze es, / folge aber dem Schlechteren.

SCHMEICHELEI

Adulatio perpetuum malum regum.

Curtius Rufus 8, 17

Schmeichelei ist das ständige Übel von Königen.

Blanditiis vult esse locum Venus ipsa.

Tibull I 4, 71

Venus selbst will, dass Platz ist für Schmeicheleien.

Cura esse, quod audis.

Nach Horaz epist. I 16, 17

Bemühe dich, so zu sein, wie du es von anderen hörst.

Delectant etiam castas praeconia formae.

Ovid AA I 623

Auch anständigen Frauen gefällt's, wenn man ihr Aussehen preist.

Habet suum venenum blanda oratio.

Publilius Syrus

Schmeichlerische Rede hat ihr eigenes Gift.

Maluerim veris offendere quam placere adulando.

Seneca clem. I 2, 2

Ich möchte lieber mit der Wahrheit Anstoß erregen, als durch Schmeichelei gefallen.

Noli homines blando nimium sermone probare: / fistula dulce canit, volucrem dum decipit auceps.

Disticha Catonis I 27

Glaube nicht den Menschen, die dir zu sehr schmeicheln: / Die Lockpfeife des Vogelfängers klingt süß, wenn er sein Opfer täuscht.

Non est enim, quod magis aliena iudices adulatione nos perire quam nostra.

Seneca tr. an. 1

Du brauchst nicht zu glauben, wir würden durch fremde Schmeichelei stärker verdorben als durch unsere eigene.

Semper magnae fortunae comes adest adulatio.

Velleius Paterculus II 102

Schmeichelei ist die ständige Begleiterin großen Vermögens und Glücks.

Viscus merus vostrast blanditia.

Plautus Bacch. 50

Wahrer Vogelleim sind eure Schmeicheleien.

Vir prior accedat, vir verba precantia dicat; / excipiat blandas comiter illa preces.

Ovid AA I 709 f.

Der Mann tue den ersten Schritt, der Mann sage werbende Worte; / sie aber nehme seine schmeichelnden Bitten freundlich auf.

Vitium fuit, nunc est mos assentatio.

Publilius Syrus

Früher galt es als Fehler, jemandem nach dem Munde zu reden, heute ist es allgemein üblich.

SCHMERZ

Cui dolet, meminit.

Cicero Mur. 42

Wem es wehtut, der erinnert sich daran.

Curae leves loquuntur, ingentes stupent.

Seneca Phaedra 607

Leichte Schmerzen bringen uns zum Reden, große lassen uns verstummen.

Difficile est tacere, cum doleas.
Cicero Sull. 31

Es fällt schwer zu schweigen, wenn man Schmerz empfindet.

Dolor ipse disertum / fecerat.
Ovid Met. XIII 228f.

Der Schmerz selbst hatte ihn zum Redner werden lassen.

Dolorem dies longa consumit.
Seneca cons. ad Marc. 8, 1

Eine lange Zeit zehrt den Schmerz auf.

Epicurus dicebat nullum dolorem longum esse, qui magnus est.
Nach Seneca ep. 30, 14

Epikur pflegte zu sagen, kein Schmerz dauere lang, der groß ist.

Est aliqua et doloris ambitio.
Seneca ep. 63, 2

Es gibt auch eine Eitelkeit beim Schmerz.

Est aliquis et dolendi decor; hic sapienti servandus est.
Seneca ep. 99, 21

Es gibt auch einen Anstand im Leiden; ihn muss der Weise wahren.

Habet praeteriti doloris secura recordatio delectationem.
Cicero fam. V 12, 4

Die sorglose Erinnerung an vergangenes Leid hat durchaus etwas Genüssliches.

Ille dolet vere, qui sine teste dolet.
Martial I 33, 4

Der empfindet wirklich Schmerz, der ohne Zeugen trauert.

Levis est dolor, qui capere consilium potest.
Seneca Med. 155

Leicht ist ein Schmerz, der einem noch ermöglicht, eine Entscheidung zu treffen.

Litore quot conchae, tot sunt in amore dolores.
Ovid AA II 519

So viele Muscheln am Strand, so viele Schmerzen gibt es in der Liebe.

S

Magnus sibi ipse non facit finem dolor.

Seneca Troad. 786

Großer Schmerz macht sich selbst kein Ende.

Nocet empta dolore voluptas.

Horaz epist. I 2, 55

Mit fremdem Schmerz erkauftes Vergnügen ist schädlich.

Non dolore tantum, sed doloris opinione vexamur.

Seneca const. sap. 5, 2

Nicht nur vom Schmerz, sondern auch von der Vorstellung des Schmerzes lassen wir uns quälen.

Nullus dolor est, quem non longiquitas temporis minuat ac molliat.

Cicero fam. IV 5, 6

Es gibt keinen Schmerz, den die Zeit nicht mindern und mildern könnte.

Omnem consolationem vincit dolor.

Cicero Att. XII 13, 3

Der Schmerz übersteigt jeden Trost.

Pars maior lacrimas ridet et intus habet.

Martial X 80, 6

Viele lächeln und tragen die Tränen im Herzen.

Perfer et obdura, dolor hic tibi proderit olim.

Ovid am. III 11, 7

Ertrage es und halte durch; einst wird dieser Schmerz dir nützen.

Plus dolet, quam necesse est, qui ante dolet, quam necesse est.

Seneca ep. 99, 8

Mehr Schmerz als nötig empfindet, wer früher als nötig Schmerz empfindet.

Si vis me flere dolendum est / primum ipsi tibi.

Horaz AP 102 f.

Willst du, dass ich weine, so musst / du selbst erst einmal Schmerz empfinden.

Ut valeas, multa dolenda feres.
Ovid rem. 226

Damit es dir wieder gut geht, wirst du viele Schmerzen ertragen müssen.

Vivit sub pectore vulnus.
Vergil Aen. IV 67

Tief in der Brust lebt die Wunde.

SCHÖNHEIT

Facies tua computat annos.
Juvenal VI 199

Deine Schönheit zählt die Jahre.

Flores decoris singuli carpunt dies.
Seneca Oct. 141

Jeder einzelne Tag pflückt der Schönheit Blüten.

Forma bonum fragile est.
Ovid AA II 113

Schönheit ist ein zerbrechliches Gut.

Formosa facies muta commendatio est.
Publilius Syrus

Ein schönes Gesicht ist eine stumme Empfehlung.

In amore forma plus valet quam auctoritas.
Publilius Syrus

In der Liebe spielt die Schönheit eine größere Rolle als das Ansehen.

Ingenii dotes corporis adde bonis!
Ovid AA II 112

Füge der Schönheit des Körpers geistige Gaben hinzu!

Lis est cum forma magna pudicitiae.
Ovid Her. XV 290

Großer Streit herrscht zwischen Schönheit und Keuschheit.

Maximo periclo custoditur quod multis placet.
Publilius Syrus

Nur unter größter Gefahr lässt sich bewachen, was vielen gefällt.

Non formosus erat, sed erat facundus Ulixes.

Ovid AA II 123

Schön war Odysseus nicht, aber er war beredt.

O matre pulchra filia pulchrior!

Horaz c. I 16, 1

O Tochter, die du noch schöner bist als deine schöne Mutter!

Pessima sit, nulli non sua forma placet.

Ovid AA I 614

Sie mag noch so hässlich sein – einer jeden Frau gefällt ihr Aussehen.

Pulchrum sane aurum, sed femina pulchrior auro.

Venantius Fortunatus c. IV 4, 14

Gewiss, das Gold ist schön; aber schöner noch als Gold ist die Frau.

Rara est adeo concordia formae atque pudicitiae.

Juvenal X 297 f.

So selten ist der Einklang von Schönheit und Schamhaftigkeit.

Raram fecit mixturam cum sapientia forma.

Petron 94, 1

Selten mischt sich Schönheit mit Weisheit.

Res est forma fugax; quis sapiens bono / confidat fragili?

Seneca Phaedra 773 f.

Schönheit ist ein flüchtiges Ding. Welcher verständige Mensch / würde einem zerbrechlichen Gut vertrauen?

S

Tu fallaci nimium ne crede lucernae!

Ovid AA I 245

Vertraue nicht zu sehr der trügerischen Laterne!

Tu mihi sola places nec iam praeter te in urbe / formosa est oculis una puella meis.

Tibull IV 13, 3 f.

Du allein gefällst mir und außer dir ist in der Stadt / kein Mädchen mehr für meine Augen schön.

SCHWIERIGKEIT

Adhibe rationem difficultatibus!
Seneca tr. an. 10

Geh mit Überlegung an die Schwierigkeiten heran!

Hic haeret aqua.
Cicero off. III 117

Hier bleibt das Wasser hängen. (Hier gibt es ein Problem.)

Multa, non quia difficilia sunt, non audemus, sed quia non audemus, difficilia sunt.
Seneca ep. 104, 26

Vieles wagen wir nicht, nicht weil es schwierig wäre; sondern weil wir es nicht wagen, ist es schwierig.

Nihil difficile amanti puto.
Cicero or. 33

Für Liebende ist, glaube ich, nichts schwer.

Nihil tam difficile, quin quaerendo investigari possit.
Terenz Heaut. 675

Nichts ist so schwierig, dass man es durch Nachforschen nicht herausfinden könnte.

Nil mortalibus ardui est.
Horaz c. I 3, 37

Nichts scheint den Menschen zu schwer.

Nondum perrupimus omnes difficultates.
Nach Plinius NH VIII 86

Noch haben wir nicht alle Schwierigkeiten überwunden.

Nulla est tam facilis res, quin difficilis siet, quum invitus facias.
Terenz Heaut. 805 f.

Es gibt keine Sache, die so leicht wäre, dass sie nicht schwierig erscheint, wenn du sie ungern tust.

Per aspera ad astra.
Nach Vergil Aen. IX 641

Durch raues Gelände zu den Sternen.

Quam difficilis est virtutis diuturna simulatio!
Cicero Att. VII 1, 6

Wie schwierig ist es, tagtäglich Tugend zu heucheln!

SELBSTBETRUG

Fere libenter homines id quod volunt credunt.

Caesar BG III 18, 6

Fast immer glauben die Menschen das, was sie wollen.

SELBSTVERTRAUEN

Habet profecto confidentiam in ventre.

Plautus Capt. 812

Er hat wahrhaftig Selbstvertrauen im Bauch.

Magni animi magnis honoribus fiunt.

Livius IV 35, 9

Großes Selbstvertrauen entsteht aus hohen Ämtern.

Quam multa fieri non posse, priusquam sunt facta, iudicantur!

Plinius NH VII 1, 6

Wie vieles wird für unmöglich gehalten, bevor es geschehen ist!

Unum bonum est, quod beatae vitae causa et firmamentum est: sibi fidere.

Seneca ep. 31, 3

Es gibt ein einziges Gut, das Grund und Basis für ein glückliches Leben ist: auf sich selbst zu vertrauen.

SELTENHEIT

Felix ille tamen corvo quoque rarior albo.

Juvenal VII 202

Glücklich der Mensch – und seltener noch als ein weißer Rabe!

Omnia praeclara rara.

Cicero am. 79

Alles Herausragende hat Seltenheitswert.

Rara avis in terris nigroque simillima cycno.
Juvenal VI 165

Ein seltener Vogel auf Erden – vergleichbar mit einem schwarzen Schwan.

Rarum esse oportet quod diu carum velis.
Publilius Syrus

Was dir lange lieb sein soll, ist notwendigerweise selten.

SIEG, SIEGER

Bis vincit, qui se vincit in victoria.
Publilius Syrus

Doppelt siegt, wer sich selbst im Sieg besiegt.

Contendere durum / cum victore.
Horaz sat. I 9, 42 f.

Mit einem Sieger zu streiten ist schwer.

Durum est contendere cum victore.
Nach Horaz sat. I 9, 42

Es ist hart, sich mit einem Sieger anzulegen.

Iam victi vicimus.
Plautus Cas. 510

Schon besiegt, haben wir doch gesiegt.

(In) hoc signo vinces.
Nach Eusebius Const. 1, 28

In diesem Zeichen wirst du siegen. (*das christliche Kreuz, das Konstantin in der Nacht vor der Entscheidungsschlacht an der Milvischen Brücke erschienen sein soll)*

Invictumque virum vincit dolor.
Ovid Met. XIII 386

Und den unbesiegten Mann besiegt der Schmerz.

Leges a victoribus dicuntur, accipiuntur a victis.
Curtius Rufus IV 5, 21

Gesetze werden von den Siegern erlassen und von den Besiegten entgegengenommen.

S

Male vincit is, quem paenitet victoriae.
Publilius Syrus

Schlecht siegt der, der seinen Sieg bereut.

Qui vincitur, vincit.
Petron 59, 1

Wer sich besiegen lässt, siegt.

Quodcumque libuit facere victori, licet.
Seneca Troad. 335

Alles, was ihm zu tun beliebt, darf der Sieger tun.

Res humanae ita se habent: in victoria vel ignavis gloriari licet, adversae res etiam bonos detrectant.
Sallust Jug. 53, 8

So ist es ja im Leben der Menschen: Im Sieg darf selbst der Feigling prahlen, Unglück aber setzt auch die Tüchtigen herab.

Una salus victis nullam sperare salutem.
Vergil Aen. II 354

Die einzige Rettung für Besiegte: nicht auf Rettung zu hoffen.

Vae victis!
Livius V 48, 9

Wehe den Besiegten!

Veni, vidi, vici.
Caesar bei Sueton Caes. 37, 2

Ich kam, sah und siegte.

Vince animos iramque tuam, qui cetera vincis!
Ovid Her. III 85

Besiege du, der du alles besiegst, deine Erregung und deinen Zorn!

SINN DES LEBENS

Breve tempus aetatis, satis longum est ad bene honesteque vivendum.
Cicero sen. 70

Das Leben ist kurz, aber lang genug, um gut und anständig zu leben.

Et quibus in solo vivendi causa palato est …

Juvenal XI 11

Und Leute, deren einziger Lebenssinn im Gaumen liegt …

Non, ut edam, vivo, sed, ut vivam, edo.

Quintilian inst. or. IX 3, 85

Ich lebe nicht, um zu essen, sondern esse, um zu leben.

Non vivere bonum est, sed bene vivere.

Seneca ep. 70, 4

Nicht zu leben ist ein Gut, sondern gut zu leben.

Omnes homines, qui sese student praestare ceteris animalibus, summa ope niti decet, ne vitam silentio transeant veluti pecora, quae natura prona atque ventri oboedientia finxit.

Sallust Cat. 1, 1

Jeder Mensch, der sich vor den übrigen Lebewesen auszeichnen will, muss sich mit aller Kraft darum bemühen, sein Leben nicht in Stille zu verbringen wie das Vieh, das von Natur aus den Kopf gesenkt hält und nur seinem Bauch gehorcht.

Quam bene vivas, refert, non quam diu.

Seneca ep. 101, 15

Es spielt keine Rolle, wie lange man lebt, sondern wie gut.

Quisquis dixit ›vixi‹, cotidie ad lucrum surgit.

Seneca ep. 12, 9

Wer sagen kann ›Ich habe gelebt‹, erhebt sich jeden Tag zum Gewinn.

S

Quomodo fabula, sic vita: non quam diu, sed quam bene acta, refert.

Seneca ep. 77, 20

Das Leben ist wie ein Schauspiel. Es zählt nicht, wie lange es dauert, sondern wie gut es aufgeführt wird.

Tria genera sunt vitae, inter quae, quod sit optimum, quaeri solet: unum voluptati vacat, alterum contemplationi, tertium actioni.

Seneca ot. 7

Es gibt drei Lebensformen, unter denen man im Allgemeinen die beste sucht: Die eine ergibt sich der Lust, die zweite der Betrachtung und die dritte der Tätigkeit.

Vita sine proposito vaga est.
Seneca ep. 95, 46

Ein Leben ohne ein bedachtes Ziel ist unstet.

SKLAVEREI

Inter dominum et servum nulla amicitia est.
Curtius Rufus VII 8, 35

Zwischen Herren und Sklaven gibt es keine Freundschaft.

Maxima quaeque domus servis est plena superbis.
Juvenal V 66

Die Häuser der Reichen sind voll von hochmütigen Sklaven.

Nemo liber est, qui corpori servit.
Seneca ep. 92, 33

Niemand ist frei, der Sklave seines Körpers ist.

O imitatores, servum pecus!
Horaz epist. I 19, 19

Ach ihr Nachahmer, ihr Sklavenherde!

Paucos servitus, plures servitium tenent.
Seneca ep. 22, 11

Nur wenige hält die Sklaverei fest, mehr Leute halten an der Sklaverei fest.

Phryx plagis melior fit.
Nach Cicero Flacc. 65

Ein (phrygischer) Sklave wird durch Schläge besser.

Plus oportet scire servum quam loqui.
Plautus Mil. glor. 477

Ein Sklave muss mehr wissen als aussprechen.

Qualis dominus, talis et servus.
Petron 58, 3

Wie der Herr, so der Sklave.

Qui docte servit, partem dominatus tenet.
Publilius Syrus

Wer klug dient, hat einen Teil der Herrschaft in den Händen.

Qui mori didicit, servire dedidicit.
Seneca ep. 26, 10

Wer gelernt hat zu sterben, hat verlernt, Sklave zu sein.

Quot servi, tot hostes.
Seneca ep. 47, 5

So viele Feinde wie Sklaven.

Ruere in servitium.
Tacitus ann. I 7, 1

Sich in die Sklaverei stürzen.

Serviet aeternum, qui parvo nesciet uti.
Horaz epist. I 10, 41

Auf ewig wird Sklave sein, wer es nicht versteht, von wenigem zu leben.

Sibi servire gravissima est servitus.
Seneca NQ III pr. 17

Sklave seiner selbst zu sein ist die schlimmste Sklaverei.

Totidem hostes, quot servi.
Nach Seneca ep. 47, 5

So viele Feinde wie Sklaven.

SPARSAMKEIT

Emas non quod opus est, sed quod necesse est; quod non opus est, asse carum est.
Cato bei Seneca ep. 94, 27

Kauf nicht, was du bloß brauchst, sondern was nötig ist; was nicht nötig ist, ist selbst für einen Pfennig zu teuer.

Non esse emacem vectigal est.
Cicero parad. Stoic. 51

Nicht einkaufswütig zu sein ist eine Einnahmequelle.

Non minor est virtus, quam quaerere, parta tueri.
Ovid AA II 13

Nicht geringer ist die Leistung, das Erworbene zu bewahren, als es zu erwerben.

Non intellegunt homines, quam magnum vectigal sit parsimonia.
Cicero parad. Stoic. 49

Die Menschen erkennen nicht, welche große Einnahmequelle die Sparsamkeit ist.

Parsimonia est scientia vitandi sumptus supervacuos aut ars re familiari moderate utendi.
Seneca ben. II 34, 4

Sparsamkeit ist die Fähigkeit, überflüssige Ausgaben zu vermeiden, oder die Kunst, mit seinem Vermögen behutsam umzugehen.

Sero parsimonia in fundo est.
Seneca ep. 1, 5

Zu spät kommt Sparsamkeit, wenn man schon auf dem Grund (des Vorratsgefäßes) ist.

Vivitur parvo bene.
Horaz c. II 16, 13

Mit wenigem lebt's sich gut.

SPIEL

Innocuos censura potest permittere lusus.
Martial I 4, 7

Unschuldige Spiele kann der Zensor erlauben.

Ludendi est quidam modus retinendus, ut ne nimis omnia profundamus elatique voluptate in aliquam turpitudinem delabamur.
Cicero off. I 104

Auch im Spiel ist ein bestimmtes Maß einzuhalten, damit wir nicht alles verschleudern und, vor Vergnügungssucht verzückt, in irgendein schändliches Verhalten abgleiten.

Lusus habet finem.
Ovid AA III 809

Das Spiel ist zu Ende.

S

Mores se inter ludendum simplicius detegunt.
Quintilian inst. or. I 3, 12

Beim Spiel offenbart sich der Charakter leichter.

Nec lusisse pudet, sed non incidere lusum.
Horaz epist. I 14, 36

Nicht dafür, dass man gespielt hat, braucht man sich zu schämen, beschämend wäre es nur, beim Spiel kein Ende zu finden.

Neque semper arcum tendit Apollo.
Horaz c. II 10, 19 f.

Und nicht immer spannt Apollo den Bogen.

Sic ludus animo debet aliquando dari, / ad cogitandum melior ut redeat sibi.
Phaedrus III 14, 12 f.

Manchmal muss man dem Geist spielerische Zerstreuung gewähren, / damit er zu sich selbst zurückkehrt, um wieder besser denken zu können.

Sic ne perdiderit, non perdere cessat lusor.
Ovid AA I 451

So hört, um nicht zu verlieren, der Spieler nicht auf zu verlieren.

STAAT

Hanc ob causam maxime, ut sua tenerentur, res publicae civitatesque constitutae sunt.
Cicero off. II 73

Vor allem aus dem Grund, dass man sein Eigentum bewahren kann, sind Staaten gegründet worden.

Magnus est in re publica campus.
Cicero Phil. XIV 17

Ein weites Feld eröffnet sich in unserem Staat.

Nulla alia in civitate, nisi in qua populi potestas summa est, ullum domicilium libertas habet.
Cicero rep. I 47

Nur in einem Staat, in dem das Volk die Macht hat, hat die Freiheit eine Wohnstätte.

Quales in re publica principes sunt, tales reliqui solent esse cives.
Nach Cicero fam. II 9, 12

Die übrigen Bürger sind gewöhnlich so wie die führenden Leute im Staat.

Quid est civitas nisi iuris societas civium?
Cicero rep. I 49

Was ist der Staat anderes als eine Rechtsgemeinschaft seiner Bürger?

Res publica est res populi.
Cicero rep. I 39

Der Staat ist Sache des Volkes.

STANDHAFTIGKEIT, DURCHHALTEVERMÖGEN, FRUSTRATIONSTOLERANZ

Aequam memento rebus in arduis servare mentem.
Horaz c. II 3, 1 f.

Denke daran, in schwierigen Dingen Gleichmut zu bewahren.

Aut non temptaris aut perfice!
Ovid AA I 389

Versuche es erst gar nicht oder bring es zu Ende!

Carpe viam et susceptum perfice munus!
Vergil Aen. VI 629

Schreite voran und bringe die übernommene Aufgabe zu Ende!

Facilius est multa facere diu.
Quintilian I 12, 7

Leichter ist es, viele Dinge über lange Zeit zu tun.

Nemo doctus umquam mutationem consilii inconstantiam dixit esse.
Cicero Att. XVI 7, 3

Kein gescheiter Mensch hat je behauptet, ein Meinungswandel sei ein Zeichen von Unbeständigkeit.

Nihil est quod tam deceat quam in omni re gerenda consilioque capiendo servare constantiam.
Cicero off. I 125

Nichts gehört sich so sehr, wie bei allem Tun und Planen Beständigkeit zu wahren.

S

Nocere casus non solet constantiae.
Publilius Syrus

Unglück pflegt der Standhaftigkeit keinen Schaden zuzufügen.

Perfer et obdura!
Ovid AA II 178

Ertrage es und halte durch!

STEUERN

At tributus quom imperatus est, negant pendi potis.
Plautus Epid. 227

Aber sobald ihnen Steuern auferlegt werden, streiten sie ab, sie zahlen zu können.

Boni pastoris est tondere pecus, non deglubere.
Nach Sueton Tib. 32

Ein guter Schäfer schert seine Schafe, zieht ihnen aber nicht das Fell ab.

Magnum vectigal est parsimonia.
Nach Cicero parad. Stoic. 49

Eine bedeutende Steuerquelle ist die Sparsamkeit.

Maximus autem, nisi me forte fallit, in re publica nodus est inopia rei pecuniariae.
Cicero Brut. 317

Das größte Problem im Staat ist, wenn ich mich nicht täusche, der Mangel an Finanzmitteln.

(Pecunia) non olet.
Nach Sueton Vesp. 23, 3

(Geld aus der Latrinensteuer) stinkt nicht.

Vectigalia nervi sunt rei publicae.
Nach Cicero imp. 17

Steuern sind die Nerven des Staates.

STRAFE

Cavendum est, ne maior poena quam culpa sit.
Cicero off. I 89

Man muss aufpassen, dass die Strafe nicht größer ist als die Schuld.

Culpam poena premit comes.
Horaz c. IV 5, 24

Strafe bedrängt als Begleiterin die Schuld.

Dat poenas, quisquis exspectat; quisquis autem meruit, exspectat.
Seneca ep. 105, 7

Es büßt schon, wer Strafe erwartet; wer sie aber verdient hat, erwartet sie.

Gravis animi poena est, quem post facti paenitet. *Publilius Syrus*	*Die Reue nach der Tat ist eine schwere Strafe.*
Lento enim gradu ad vindictam sui divina procedit ira. *Valerius Maximus I 1 ext. 3*	*Denn gemessenen Schrittes schreitet der Zorn des Gottes zur Bestrafung dessen, was ihm angetan wurde.*
Multos fortuna liberat poena, metu neminem. *Seneca ep. 97, 16*	*Viele befreit das Glück von der Strafe, niemanden aber von der Furcht vor Strafe.*
Nemo prudens punit, quia peccatum est, sed ne peccetur. *Nach Seneca ira I 19, 7*	*Kein vernünftiger Mensch straft, weil Unrecht begangen worden ist, sondern damit kein Unrecht begangen wird.*
Omnis poena non tam ad delictum pertinet quam ad exemplum. *Quintilian decl. 274*	*Jede Strafe gilt weniger dem Vergehen als der Prävention.*
Quis ignorat maximam illecebram esse peccandi impunitatis spem? *Cicero Mil. 43*	*Jeder weiß, dass die größte Versuchung zum Verbrechen die Hoffnung auf Straflosigkeit ist.*
Raro antecedentem scelestum / deseruit pede Poena claudo. *Horaz c. III 2, 31 f.*	*Selten ist die Strafe lahmen Fußes hinter dem Übeltäter zurückgeblieben.*
Sceleris in scelere supplicium est. *Seneca ep. 97, 14*	*Die Strafe für ein Verbrechen liegt im Verbrechen selbst.*
Sera tamen tacitis Poena venit pedibus. *Tibull I 9, 4*	*Spät kommt dann doch die Strafe auf leisen Sohlen.*

Sit piger ad poenas princeps, ad praemia velox.

Ovid ep. ex Ponto I 2, 125

Träge sei der Herrscher beim Bestrafen, schnell indes beim Belohnen.

Ut sit magna, tamen certe lenta ira deorum est.

Juvenal XII 100

Mag er auch groß sein, so ist doch der Zorn der Götter gewiss langsam.

Venia est poenae meritae remissio.

Seneca clem. II 5, 1

Verzeihen bedeutet den Erlass einer verdienten Strafe.

TOD

Acerba semper et immatura mors eorum, qui immortale aliquid parant.

Plinius ep. V 5, 4

Stets bitter und zu früh kommt der Tod zu denen, die etwas Unsterbliches schaffen wollen.

Aequat omnes cinis. Impares nascimur, pares morimur.

Seneca ep. 91, 16

Die Asche macht alle gleich. Wir werden ungleich geboren, sterben aber gleich.

Bona mors est homini, vitae quae extinguit mala.

Publilius Syrus

Gut ist der Tod für den Menschen, der die Leiden des Lebens beendet.

Crudelius est quam mori semper timere mortem.

Seneca contr. exc.III 5, 2

Grausamer als zu sterben ist es, stets den Tod zu fürchten.

Debemur morti nos nostraque.

Horaz AP 63

Uns selbst und das Unsere schulden wir dem Tod.

Homini necesse est mori.

Cicero fat. 17

Der Mensch muss sterben.

Homo totiens moritur, quotiens amittit suos.

Publilius Syrus

Der Mensch stirbt so oft, wie er ihm nahe Stehende verliert.

Honesta mors turpi vita potior.

Tacitus Agric. 33, 6

Ein ehrenhafter Tod ist besser als ein Leben in Schande.

In tanta volutatione rerum humanarum nihil cuiquam nisi mors certum est; tamen de eo queruntur omnes, in quo uno nemo decipitur.

Seneca ep. 99, 9

Bei all den großen Umwälzungen im Leben der Menschen gibt es für niemanden etwas Verlässlicheres als den Tod; und doch beklagen sich alle über eben diese eine Gewissheit, in der allein niemand enttäuscht wird.

Letum non omnia finit.
Properz IV 7, 1

Der Tod beendet nicht alles.

Lex universa est, quae iubet nasci et mori.
Publilius Syrus

Es gibt ein universelles Gesetz, das befiehlt, geboren zu werden und zu sterben.

Licet quot vis vivendo condere saecla; / mors aeterna tamen nilo minus illa manebit.
Lukrez III 1090f.

Magst du auch soundso viele Generationen während deiner Lebenszeit begraben, / der ewige Tod wird nichtsdestoweniger dich erwarten.

Minus mortem timet, qui minus deliciarum novit in vita.
Vegetius I 3

Weniger fürchtet den Tod, wer im Leben weniger Luxus gekannt hat.

Mors et fugacem persequitur virum.
Horaz c. III 2, 14

Der Tod holt auch den flüchtenden Mann ein.

Mors infanti felix, iuveni acerba, nimis sera est seni.
Publilius Syrus

Der Tod ist für ein Kleinkind glücklich, für einen jungen Menschen herb, für einen Greis kommt er zu spät.

Mors laborum ac miseriarum quies est.
Cicero Cat. IV 7

Der Tod ist Ruhe von Mühsal und Leid.

T

Mors misera non est, aditus ad mortem est miser.
Quintilian inst. or. VIII 5, 6

Nicht der Tod ist schlimm; schlimm ist der Weg zum Tod.

Mors naturae finis est, non poena.
Nach Cicero Mil. 101

Der Tod ist das natürliche Ende, keine Strafe.

Mors quid est? Aut finis aut transitus.

Seneca ep. 65, 24

Was ist der Tod? Entweder das Ende oder ein Übergang.

Mors ultima linea rerum est.

Horaz epist. I 16, 79

Der Tod ist der Schlussstrich unter die Dinge.

Morti natus es.

Seneca tr. an. I 14

Du bist für den Tod geboren.

Nihil mihi videtur turpius quam optare mortem.

Seneca ep. 117, 22

Mir erscheint nichts verwerflicher, als den Tod herbeizuwünschen.

Non omnis moriar.

Horaz c. III 30, 6

Ich werde nicht ganz sterben.

Omnes eodem cogimur.

Horaz c. II 3, 25

Wir alle werden zum selben Ort gezwungen.

Omnes una manet nox.

Horaz c. I 28, 15

Auf uns alle wartet eine einzige Nacht.

Omni aetati mors communis.

Cicero fam. VI 20, 1

Jedem Alter ist der Tod gemeinsam.

Omnia mors aequat.

Claudian rapt. Pros. II 302

Der Tod macht alles gleich.

T

Omnino nihil aliud tempus vitae huius quam cursus ad mortem.

Augustin CD XIII 10

Überhaupt ist die Zeit dieses Lebens nichts anderes als ein Lauf zum Tode.

Pallida Mors aequo pulsat pede pauperum tabernas / regumque turres.

Horaz c. I 4, 13 f.

Der bleiche Tod klopft mit gleichem Fuß an die Hütten der Armen / wie an die Paläste der Könige.

Post mortem in morte nihil est, quod metuam mali.

Plautus Capt. 741

Nach dem Tode liegt im Tode nichts, das man als Übel fürchten müsste.

Plurima mortis imago.

Vergil Aen. II 369

Vielgestaltig ist das Bild des Todes.

Qualis artifex pereo!

Sueton Nero 49, 1

Welch ein Künstler geht mit mir zugrunde!

Quem di diligunt, adulescens moritur, dum valet sentit sapit.

Plautus Bacch. 816

Wen die Götter lieben, der stirbt als junger Mann, solange er gesund ist, fühlt und Verstand besitzt.

Qui per virtutem periit, at non interit.

Plautus Capt. 690

Wer für die Tugend gestorben ist, geht nicht zugrunde.

Quidquid facies, respice ad mortem!

Seneca ep. 114, 27

Was auch immer du tust, blick auf das Ende!

Quod autem omnibus necesse est, idne miserum esse uni potest?

Cicero Tusc. I 119

Was aber für alle unausweichlich ist, kann das für den Einzelnen ein Übel sein?

Reddenda terrae est terra.

Cicero Tusc. III 59

Erde muss der Erde zurückgegeben werden.

Serius aut citius sedem properamus ad unam. / Tendimus huc omnes, haec est domus ultima.

Ovid Met. X 33 f.

Früher oder später eilen wir zu ein und demselben Wohnsitz. / Dahin streben wir alle, dies ist unser letztes Haus.

Si mortuorum aliquis miseretur, et non natorum misereatur.

Seneca cons. ad Marc. 19, 5

Wenn jemand Mitleid mit den Toten hat, sollte er auch mit den Nichtgeborenen Mitleid haben.

Sic habeto non esse te mortalem, sed corpus hoc; nec enim tu is es, quem forma ista declarat, sed mens cuiusque is est quisque, non ea figura, quae digito demonstrari potest.

Cicero rep. III 26

Halte es so: Nicht du bist sterblich, sondern dieser Körper. Denn du bist nicht das, was deine äußere Gestalt darstellt, sondern ein jeder ist das, was sein Wesen ausmacht, nicht der Körper, auf den man mit dem Finger zeigen kann.

Soles occidere et redire possunt: / Nobis cum semel occidit brevis lux, / nox est perpetua una dormienda.

Catull c. 5, 4 ff.

Sonnen können untergehen und zurückkehren; / wenn uns das kurze Lebenslicht einmal untergegangen ist, / müssen wir eine einzige lange Nacht schlafen.

Summum nec metuas diem nec optes.

Martial X 47, 13

Fürchte den letzten Tag nicht, wünsche ihn aber auch nicht herbei!

Sunt aliquid Manes, letum non omnia finit.

Properz IV 7, 1

Etwas sind doch die Geister der Toten; nicht alles beendet der Tod.

Turpis fuga mortis omni est morte peior.

Cicero Phil. VIII 29

Schimpfliche Flucht vor dem Tod ist schlimmer als jeder Tod.

Venit ecce mors, quae nos pares faciat.

Seneca ira III 43

Sieh, da kommt der Tod, der uns alle gleich macht.

Vita morti propior est cottidie.

Phaedrus III 20, 10

Das Leben rückt dem Tod von Tag zu Tag näher.

Vive memor leti!

Persius V 153

Lebe im Bewusstsein deiner Sterblichkeit!

Vivere tota vita discendum est et, quod magis fortasse miraberis, tota vita discendum est mori.

Seneca brev. vit. 7, 3

Das ganze Leben über muss man lernen zu leben und – worüber du vielleicht noch mehr erstaunt bist – das ganze Leben über muss man lernen zu sterben.

TRÄNEN

Cito enim arescit lacrima, praesertim in alienis malis.

Cicero part. or. 57

Schnell trocknet nämlich die Träne, vor allem wenn es sich um das Unglück anderer handelt.

Est quaedam flere voluptas.

Ovid trist. IV 3, 37

Es gibt eine gewisse Lust zu weinen.

Et lacrimae prosunt, lacrimis adamanta movebis.

Ovid AA I 659

Auch Tränen nützen, mit Tränen wirst du Stahl erweichen.

Hinc illae lacrimae!

Terenz Andr. 126

Daher diese Tränen! (Das also ist es!)

Lacrimae nobis deerunt antequam causa dolendi.

Seneca cons. ad Polyb. 4, 2

Tränen werden uns eher ausgehen als Gründe, traurig zu sein.

Mollissima corda / humano generi dare se natura fatetur, / quae lacrimas dedit; haec nostri pars optima sensus.

Juvenal XV 131 ff.

Die weichsten Herzen / bekennt die Natur dem Menschengeschlecht zu schenken, / indem sie uns Tränen gab. Dies ist der beste Teil unseres Gefühls.

Nihil lacrima citius arescit.

Rhetor ad Herennium II 50

Nichts trocknet schneller als die Träne.

Paratae lacrimae insidias, non fletum indicant.

Publilius Syrus

Geplante Tränen stehen für Hinterhalt, nicht für echtes Weinen.

Sunt lacrimae rerum et mentem mortalia tangunt.

Vergil Aen. I 462

Alle Dinge haben ihre Tränen und Menschliches rührt das Herz.

TREUE, VERTRAUEN

Actum est de rebus humanis, si sola servatur utilitatum fides.

Quintilian decl. 16, 7

Es ist um die Menschheit geschehen, wenn nur noch dem Nützlichen die Treue gehalten wird.

Aditum nocendi perfido praestat fides.

Seneca Oed. 686

Treue ermöglicht dem Treulosen Zugang zu schändlichem Handeln.

Auro pulsa fides.

Properz III 13, 49

Vom Golde ist Treu und Glauben weggejagt.

Fides sanctissimum humani pectoris bonum est; nulla necessitate ad fallendum cogitur, nullo corrumpitur praemio.

Seneca ep. 88, 29

Treue ist das heiligste Gut im Herzen der Menschen. Von keiner Notwendigkeit wird sie gezwungen zu betrügen, von keiner Belohnung auf Abwege geführt.

Fides supremum rerum humanarum vinculum est.

Quintilian decl. 343

Vertrauen ist die stärkste Klammer zwischen den Menschen.

Fundamentum est iustitiae fides.

Cicero off. I 23

Vertrauen ist das Fundament der Gerechtigkeit.

Multa fidem promissa levant.

Horaz epist. II 2, 10f.

Viele Versprechungen schmälern das Vertrauen.

Nemo est in amore fidelis.

Properz II 34, 3

In der Liebe ist niemand treu.

Nusquam tuta fides!

Vergil Aen. IV 373

Nirgendwo verlässliche Treue!

Paucis carior fides quam pecunia fuit.

Sallust Iug. 16, 4

Nur wenigen war die Treue wichtiger als das Geld.

Proditores etiam iis, quos anteponunt, invisi sunt.

Tacitus ann. I 58, 1

Verräter sind auch denen, zu denen sie übergehen, verhasst.

Punica fides.

Sallust Jug. 108, 5

Punische Treue (Wortbruch).

TROST

In re mala animo si bono utare, adiuvat.

Plautus Capt. 202

Wenn man im Unglück guten Mut behält, so hilft das.

Inter vepres rosae nascuntur.

Ammianus Marcellinus XVI 7, 4

Rosen wachsen zwischen Dornen.

Malum nullum est sine aliquo bono.

Nach Plinius NH XXVII 9

Es gibt kein Übel ohne irgendetwas Gutes.

Me quidem multa iam consolantur maximeque conscientia consiliorum meorum.

Cicero fam. IV 4, 1

Zwar tröstet mich vieles, am meisten aber das Bewusstsein, die richtigen Entscheidungen getroffen zu haben.

Modo sic, modo sic.

Petron 45, 1

Mal so, mal so.

Nulla tempestas magna perdurat; procellae quanto plus habent virium, tanto minus temporis.

Seneca NQ IX 2

Kein großer Sturm dauert lange an. Je größer die Kraft eines Sturms ist, umso kürzer dauert er.

O passi graviora, dabit deus his quoque finem!

Vergil Aen. I 198

Ach, die ihr Schlimmeres durchlitten habt – ein Gott wird auch diesem Leiden ein Ende machen!

Quidquid habes ad consolandum, collige!

Cicero Att. X 16, 2

Such zusammen, was du an Trostgründen hast!

Revocate animos maestumque timorem / mittite; forsan et haec olim meminisse iuvabit.

Vergil Aen. I 202 f.

Fasst wieder Mut und lasst Niedergeschlagenheit und Angst / fahren; vielleicht denken wir dereinst sogar gern daran zurück.

Venit post multos una serena dies.

Tibull III 6, 32

Nach vielen anderen ist auch ein heiterer Tag gekommen.

TRUNKENHEIT

Absentem laedit, cum ebrio qui litigat.

Publilius Syrus

Einen Abwesenden beleidigt, wer mit einem Betrunkenen streitet.

Cuncti denique, sed prorsus omnes vino sepulti iacent, omnes pariter mortui.

Apuleius Met. VII 12, 4

Schließlich liegen alle, wirklich buchstäblich alle als Weinleichen da, alle wie tot.

Ebrietas tristitiae medetur.
Seneca tr. an. 17, 8

Trunkenheit heilt Traurigkeit.

Nihil aliud est ebrietas quam voluntaria sanitas.
Nach Seneca ep. 83, 18

Trunkenheit ist nichts anderes als freiwilliger Wahnsinn.

Non est ab homine numquam sobrio postulanda prudentia.
Cicero Phil. II 81

Von einem notorischen Säufer kann man keine Klugheit erwarten.

TUGEND, TÜCHTIGKEIT

Calamitas virtutis occasio est.
Seneca prov. IV 6

Unglück ist eine Gelegenheit, Tüchtigkeit unter Beweis zu stellen.

Difficile est, fateor, sed tendit in ardua virtus.
Ovid ep. ex Ponto III 2, 113

Es ist zugegebenermaßen schwer, aber die Tugend strebt hoch hinaus.

Dos est magna parentium virtus.
Horaz c. III 24, 21 f.

Tugend ist eine große Gabe der Eltern.

Eripit se aufertque ex oculis perfecta virtus.
Seneca cons. ad Marc. 23, 2

Die vollkommene Tugend reißt sich los und entschwindet den Blicken.

Est virtus placitis abstinuisse bonis.
Ovid Her. XVII 98

Tugendhaft ist es, auch auf erlaubten Besitz zu verzichten.

Fallit vitium specie virtutis.
Juvenal XIV 19

Das Laster betrügt unter dem Anschein der Tugend.

Famam extendere factis: / hoc virtutis opus.
Vergil Aen. X 468 f.

Nachruhm durch Taten auszudehnen – das ist das Werk der Tüchtigkeit.

Habet apud malos quoque multum auctoritatis virtus.

Quintilian decl. 253

Selbst bei schlechten Menschen genießt die Tugend hohes Ansehen.

Illi falsi sunt, qui divorsissumas res pariter exspectant: ignaviae voluptatem et praemia virtutum.

Sallust Jug. 85, 20

Die irren, die zwei völlig unterschiedliche Dinge zugleich erwarten: das Vergnügen des Nichtstuns und die Belohnungen für Tüchtigkeit.

Invia virtuti nulla est via.

Ovid Met. XIV 113

Für die Tugend ist kein Weg ungangbar.

Ipsa quidem virtus sibimet pulcherrima merces.

Silius Italicus XIII 663

Die Tugend ist sich selbst der schönste Lohn.

Ipsa virtus efficit beatam vitam.

Cicero fin. IV 20

Die Tugend als solche macht das Leben glücklich.

Magnos homines virtute metimus, non fortuna.

Cornelius Nepos Eum. 1

Bedeutende Menschen messen wir an ihrer Leistung, nicht an ihrem Schicksal.

Male enim se res habet, cum, quod virtute effici debet, id temptatur pecunia.

Cicero off. II 22

Schlecht sieht es aus, wenn das, was durch Tüchtigkeit geleistet werden müsste, mit Geld versucht wird.

Marcet sine adversario virtus.

Seneca prov. 2, 4

Tugend erschlafft, wenn sie keinen Gegner hat.

Maximas vero virtutes iacere omnes necesse est voluptate dominante.

Cicero fin. II 117

Wo die Genuss-Sucht regiert, liegen selbst die größten Tugenden notwendigerweise am Boden.

Mea / virtute me involvo. *Horaz c. III 29, 54 f.*	*Ich hülle mich in meine Tugend ein.*
Nihil est virtute amabilius. *Cicero am. 28*	*Nichts ist liebenswerter als die Tugend.*
Nobilitas sola est atque unica virtus. *Juvenal VIII 20*	*Tugend ist der einzige und alleinige Adel.*
Non enim dat natura virtutem: ars est bonum fieri. *Seneca ep. 90, 44*	*Die Natur stattet uns ja nicht mit Tugend aus; es ist eine Kunst, ein guter Mensch zu werden.*
Non novit virtus calamitati cedere. *Publilius Syrus*	*Tugend versteht es nicht, dem Unglück nachzugeben.*
Nulla nisi ardua virtus. *Ovid AA II 537*	*Der Aufstieg zur Tugend ist immer steil.*
Plus tibi virtus tua dedit quam fortuna abstulit. *Cicero fam. V 18, 1*	*Deine Tugend hat dir mehr gegeben, als das Glück dir genommen hat.*
Praestatur laus virtuti; sed multo ocius verno gelu tabescit. *Livius Andronicus, Aiax Mastig.*	*Ruhm wird der Tugend zuteil, doch vergeht er schneller als Schnee im Frühling.*
Prosperum ac felix scelus / virtus vocatur. *Seneca Herc. fur. 251 f.*	*Ein gut geplantes und gelungenes Verbrechen nennt man Tüchtigkeit.*
Quaedam virtutis stimulis, quaedam frenis egent. *Seneca vita beata 2, 5*	*Manches braucht den Ansporn der Tugend, manches ihre Zügel.*

Verum decus in virtute positum est.

Cicero fam. X 7, 5

Wahre Ehre beruht auf Tüchtigkeit.

Virtus brevissume recta ratio dici potest.

Cicero Tusc. IV 34

Tugend lässt sich in aller Kürze als rechte Einsicht bezeichnen.

Virtus est medium vitiorum.

Horaz epist. I 18, 9

Die Tugend steht in der Mitte zwischen zwei Lastern.

Virtus est per se ipsa laudabilis et sine ea nihil laudari poterit.

Nach Cicero de or. II 343

Die Tugend verdient Lob durch sich selbst; ohne sie wird nichts Lob verdienen.

Virtus et summa potestas non coeunt.

Lucan VIII 494 f.

Tugend und höchste Macht passen nicht zusammen.

Virtus omni loco nascitur.

Nach Seneca ep. 66, 3

Tugend kommt an jedem Ort zur Welt.

Virtus post nummos.

Horaz epist. I 1, 54

Erst kommt das Geld, dann die Tugend.

Virtute duce, comite fortuna.

Cicero fam. X 3, 2

Mit der Tugend als Führerin, mit dem Glück als Begleiter.

Virtutem incolumem odimus.

Horaz c. III 24, 31 f.

Vollkommene Tugend hassen wir.

Virtutem verba putas.

Horaz epist. I 6, 31

Tugend hältst du für Wortgeklingel.

Virtutis viam deserit arduam.

Nach Horaz c. III 24, 44

Er verlässt den steilen Weg der Tugend.

ÜBERTREIBUNG

Arcem facere ex cloaca.
Cicero Planc. 95

Aus einer Kloake eine Burg machen.

Ne quid nimis!
Terenz Andr. 61

Nichts im Übermaß!

Nimias delicias facit.
Plautus Cas. 528

Er macht es zu nett.

Nulli iactantius maerent, quam qui maxime laetantur.
Tac. ann. II 77, 3

Keiner trauert mit größerem Aufwand als der, der sich am meisten freut.

Omne nimium nocet.
Nach Seneca vita beata 14, 2

Jede Übertreibung ist schädlich.

Parturient montes, nascetur ridiculus mus.
Horaz AP 139

Die Berge werden kreißen – und ein lächerliches Mäuslein gebären.

Pastillos Rufillus olet, Gargonius hircum.
Horaz sat. I 2, 27

Rufillus riecht nach Lutschpastillen, Gargonius nach Bock.

Perniciosum in omni vita quod nimium, praecipue tamen corpori.
Plinius NH XI 119

In allen Lebensbereichen ist jedes Übermaß schädlich, besonders aber was den Körper betrifft.

Summum ius, summa iniuria.
Cicero off. I 33

Auf die Spitze getriebenes Recht ist größtes Unrecht.

Vitiosum est ubique, quod nimium est.
Seneca tr. an. 9, 6

Überall ist, was zu viel ist, von Übel.

ÜBUNG

Difficile est tenere, quae acceperis, nisi exerceas.

Plinius ep. VIII 14, 3

Ohne Übung ist es schwer zu bewahren, was man gelernt hat.

Exercitatio artem parat.

Nach Tacitus Germ. 24, 1

Übung schafft Meisterschaft.

Memoria minuitur, nisi eam exerceas.

Nach Cicero sen. 21

Das Gedächtnis lässt nach, wenn man es nicht übt.

Rerum omnium magister est usus.

Nach Caesar BC II 8, 3

Erfahrung ist der Lehrmeister aller Dinge.

Solus et, artifices qui facit, usus adest.

Ovid AA II 676

Allein die Übung ist da, die Künstler macht.

Usus est magister optimus.

Cicero de or. I 4

Übung ist der beste Lehrer.

UNBESTÄNDIGKEIT

Diruit, aedificat, mutat quadrata rotundis.

Horaz epist. I 1, 100

Er reißt ein, baut neu, wechselt Viereckiges gegen Rundes ein.

Mobilium turba Quiritum.

Horaz c. I 1, 7

Die wankelmütige Menge der Quiriten (Römer).

Non convalescit planta, quae saepius transfertur.

Seneca ep. 2, 3

Keine Pflanze gedeiht, die häufig umgepflanzt wird.

Non est levitas a cognito et damnato errore discedere.
Seneca ben. IV 38, 1

Es ist keine Unbeständigkeit, von einem erkannten und verurteilten Irrtum zurückzutreten.

Nusquam est, qui ubique est.
Seneca ep. 2, 3

Nirgendwo ist, wer überall ist.

Quisquis ubique habitat, nusquam habitat.
Nach Martial VII 73, 7

Wer überall wohnt, wohnt nirgends.

UNDANKBARKEIT

Et tu, Brute!
Caesar bei Sueton Caes. 82 (lateinische Version der bei Sueton überlieferten griechischen)

Auch du, Brutus!

Ingratus est, qui beneficium accepisse se negat, quod accepit; ingratus est, qui dissimulat; ingratus, qui non reddit; ingratissimus omnium, qui oblitus est.
Seneca ben. III 1, 3

Undankbar ist, wer abstreitet, eine Wohltat erhalten zu haben, die er erhalten hat; undankbar ist, wer sie verheimlicht; undankbar ist, wer sie nicht zurückgibt; am undankbarsten von allen aber ist, wer sie vergisst.

Ingratus est, qui remotis arbitris agit gratias.
Seneca ben. II 13, 2

Undankbar ist, wer ohne Zeugen dankt.

Ingratus unus omnibus miseris nocet.
Publilius Syrus

Ein einziger Undankbarer schadet allen, die in Not sind.

Multos experimur ingratos, plures facimus.
Seneca ben. I 1, 4

Viele Menschen erleben wir als undankbar, mehr noch machen wir dazu.

Nihil cognovi ingratius, in quo vitio nihil mali non inest.

Cicero Att. VIII 5, 2

Ich habe noch nichts Undankbareres erlebt – in diesem Laster stecken alle Formen des Schlechten.

Nil homine terra peius ingrato creat.

Ausonius epist. 14, 44

Nichts Schlimmeres bringt die Erde hervor als einen undankbaren Menschen.

Omnes immemorem beneficii oderunt.

Cicero off. II 63

Alle hassen jemanden, der sich an eine Wohltat nicht erinnert.

Qui invitus debet, ingratus est.

Seneca ben. IV 40, 5

Wer ungern Schulden hat, ist undankbar.

Viperam sub ala nutricare.

Nach Petron 77

Eine Natter unter der Achsel nähren.

URTEIL

Ad paenitendum properat, cito qui iudicat.

Publilius Syrus

Zur Reue eilt, wer schnell urteilt.

Corcillum est, quod hominem facit.

Petron 75, 8

Köpfchen ist's, was den Menschen ausmacht.

Est et mihi censendi ius.

Seneca vita beata 6, 3

Auch ich habe das Recht zu urteilen.

Faciendi aliquid non faciendique ratio cum hominum ipsorum tum rerum etiam ac temporum condicione mutatur.

Plinius ep. VI 27, 4

Die Überlegung, etwas zu tun oder nicht zu tun, hängt einerseits vom Einzelnen selbst ab, andererseits von den jeweiligen Umständen und Zeiten.

Grave praeiudicium est, quod iudicium non habet.

Publilius Syrus

Ein schweres Vorurteil ist, was kein eigenes Urteil besitzt.

In omnibus negotiis, priusquam adgrediare, adhibenda est praeparatio diligens.

Cicero off. I 73

Bei allen Vorhaben muss man, bevor man zur Tat schreitet, umsichtige Vorbereitungen treffen.

Ita comparata est hominum natura omnium, / aliena ut melius videant et diiudicent quam sua.

Nach Terenz Heaut. 503 f.

Die Natur aller Menschen ist so beschaffen, / dass sie Angelegenheiten anderer besser sehen und beurteilen als ihre eigenen.

Non est consilium in vulgo.

Cicero Planc. 9

Die Masse ist ohne Urteilskraft.

Non ex omni ligno debet Mercurius exculpi.

Apuleius Apol. 43

Nicht aus jedem Holz darf man einen Merkur schnitzen.

Plus apud me vera ratio valebit quam vulgi opinio.

Cicero parad. Stoic. 8

Bei mir wird ein richtiges Urteil stets mehr Gewicht haben als die Meinung des Volkes.

Qui habet exactum iudicium de fugiendis petendisque, scit, quid sibi faciendum sit.

Seneca ep. 94, 12

Wer ein klares Urteil hat über das, was man meiden und was man anstreben sollte, weiß, was er zu tun hat.

Quicquid conaris, quo pervenias, cogites.

Publilius Syrus

Was du auch in Angriff nimmst, bedenke, wohin du gelangst.

VERÄNDERUNG

Caelum, non animum mutant, qui trans mare currunt.

Horaz epist. I 11, 27

Den Himmelsstrich wechselt, nicht aber die Einstellung, wer über das Meer fährt.

In idem flumen bis descendimus et non descendimus.

Seneca ep. 58, 23

Wir tauchen zweimal in denselben Fluss ein – und doch nicht denselben.

Omnia mortali mutantur lege creata.

Manilius I 515

Alles, was nach dem Gesetz der Sterblichkeit erschaffen ist, ist dem Wandel unterworfen.

Omnia mutantur.

Ovid Met. XV 165

Alles verändert sich.

Omnia orta occidunt et aucta senescunt.

Sallust Iug. 2, 3

Alles, was entsteht, geht zugrunde und altert mit dem Wachsen.

Quantum mutatur ab illo!

Vergil Aen. II 274

Wie hat er sich verändert!

Sic volvenda aetas commutat tempora rerum.

Lukrez V 1276

So verändert der Wechsel der Zeit auch die Lage der Dinge.

VERBOT

Nitimur in vetitum semper cupimusque negata.

Ovid am. III 4, 17

Wir stürzen uns auf das Verbotene und begehren, was uns versagt wird.

Nil magis amat cupiditas, quam quod non licet.

Publilius Syrus

Nichts liebt die Begierde mehr als das, was nicht erlaubt ist.

Quod licet, ingratum est, quod non licet, acrius urit.

Ovid am. II 19, 3

Was erlaubt ist, ist fade, was nicht erlaubt ist, brennt heftiger.

Unde fames homini vetitorum tanta ciborum?

Ovid Met. XV 138

Woher dieser Hunger der Menschen nach verbotenen Speisen?

VERGNÜGEN

Demus alienis oblectationibus veniam, ut nostris impetremus.

Plinius ep. IX 17, 4

Wir wollen gegenüber den Vergnügungen der anderen nachsichtig sein, damit wir Nachsicht gegenüber unseren eigenen erfahren.

Divine Plato escam malorum appellat voluptatem.

Cicero sen. 44

Göttlich, wie Platon das Vergnügen Köder für Übel nennt!

Gaudia non remanent, sed fugitiva volant.

Martial I 15, 8

Freude hat keinen Bestand, sondern fliegt flüchtig davon.

Ieiunus raro stomachus volgaria temnit.

Horaz sat. II 2, 38

Ein hungriger Magen verschmäht selten einfache Kost.

Impia sub dulci melle venena latent.

Ovid am. I 8, 104

Unter süßem Honig verbirgt sich tückisches Gift.

Maximas virtutes iacere omnis necesse est voluptate dominante.

Cicero fin. II 117

Wenn das Vergnügen regiert, liegen alle Tugenden notwendigerweise am Boden.

Modica voluptas laxat animos et temperat.

Seneca ira II 20, 3

Maßvolles Vergnügen entspannt die Sinne und mäßigt sie.

Nitimur in vetitum semper, cupimusque negata.

Ovid am. III 4, 17

Wir stürzen uns stets auf das, was verboten ist, und trachten nach dem, was uns verwehrt wird.

Nulla est voluptas, quae non adsiduitate fastidium pariat.

Plinius NH XII 81

Es gibt kein Vergnügen, das nicht durch Gewöhnung Überdruss hervorriefe.

Omne, quod dulce est, cito satiat.

Macrobius sat. VII 4, 15

Alles Süße macht schnell satt.

Progredimur, quo ducit quemque voluptas.

Lukrez II 258

Dorthin gehen wir, wohin einen jeden die Lust führt.

Quae venit ex tuto, minus est accepta voluptas.

Ovid AA III 603

Lust, die uns ohne Risiko zuteil wird, ist weniger willkommen.

Si voluptatibus vostris otium praebere voltis, expergiscimini aliquando et capessite rem publicam!

Sallust Cat. 52, 6

Wenn ihr für eure Vergnügungen Freizeit haben wollt, dann wacht endlich auf und kümmert euch um den Staat!

Voluptas non habet ullum cum virtute commercium.

Cicero sen. 42

Sinnenlust hat keine Beziehung zur Tugend.

Voluptas e difficili data dulcissima est.

Publilius Syrus

Die Lust, die aus Schwierigem erwächst, ist am süßesten.

Voluptas nimia nocet.
Seneca vita beata 14, 1

Genuss im Übermaß ist schädlich.

Voluptatem maeror sequitur.
Plautus Amph. 635

Auf Vergnügen folgt Trauer.

Voluptates commendat rarior usus.
Juvenal XI 208

Seltenerer Gebrauch empfiehlt das Vergnügen.

Voluptatibus maximis fastidium finitimum est.
Cicero de or. III 100

Den größten Wonnen ist der Überdruss benachbart.

VERNUNFT

Aliudque cupido, / mens aliud suadet. Video meliora proboque, / deteriora sequor.
Ovid Met. VII 19ff.

Zum einen rät das Verlangen, / zum anderen der Verstand. Ich sehe das Bessere und billige es, / folge aber dem Schlechteren.

Ama rationem!
Seneca ep. 74, 21

Liebe die Vernunft!

Bonum sine ratione nullum est; sequitur autem ratio naturam.
Seneca ep. 66, 39

Es gibt kein Gut ohne die Vernunft; die Vernunft aber folgt der Natur.

Dociles natura nos edidit et rationem dedit imperfectam, sed quae perfici posset.
Seneca ep. 49, 11

Die Natur hat uns lernfähig gemacht und hat uns eine unvollkommene Vernunft gegeben, die allerdings vervollkommnet werden kann.

Domina rerum et regina ratio.
Cicero Tusc. II 47

Herrin und Königin der Dinge – die Vernunft.

In homine optimum quid est? Ratio: hac antecedit animalia, deos sequitur.

Seneca ep. 76, 9

Was ist das Beste im Menschen? Die Vernunft – durch sie ist er den Tieren überlegen und folgt den Göttern nach.

Misce stultitiam consiliis brevem; / dulce est desipere in loco.

Horaz c. IV 12, 27 f.

Mische kurze Unvernunft in dein planvolles Handeln: / Mitunter ist es süß, verrückt zu sein.

Nihil potest esse diuturnum, cui non subest ratio.

Curtius Rufus IV 54

Nichts kann von Dauer sein, wenn ihm nicht die Vernunft zugrunde liegt.

Nihil sine ratione faciendum est.

Seneca ben. IV 10, 2

Man darf nichts ohne vernünftige Überlegung tun.

Plus apud me vera ratio valebit quam vulgi opinio.

Cicero parad. Stoic. I 1, 8

Bei mir wird die reine Vernunft mehr gelten als Volkes Meinung.

Quod ratio non quit, saepe sanavit mora.

Seneca Agam. 130

Was die Vernunft nicht heilen kann, hat oft die Zeit geheilt.

Ratio autem nihil aliud est quam in corpus humanum pars divini spiritus mersa.

Seneca ep. 66, 12

Die Vernunft aber ist nichts anderes als ein Teil des göttlichen Geistes, der in den menschlichen Körper versenkt ist.

Ratio, cui nulla resistunt / claustra.

Manilius I 541 f.

Die Vernunft, der keine Riegel widerstehen können.

Ratio docet et explanat, quid faciendum fugiendumve sit.

Cicero off. I 101

Die Vernunft lehrt und erklärt, was man tun und was man lassen sollte.

Ratio id iudicare vult, quod aequum est; ira id aequum videri vult, quod iudicavit.

Seneca ira 18, 1

Die Vernunft will so urteilen, wie es gerecht ist; der Zorn will gerecht erscheinen lassen, wie er geurteilt hat.

Ratio perfecta proprium hominis bonum est.

Nach Seneca ep. 76, 9

Vollkommene Vernunft ist das dem Menschen eigene Gut.

Ratio quasi quaedam lux lumenque vitae.

Cicero Acad. II 26

Die Vernunft ist eine Art Licht und Leuchte des Lebens.

Rationi nulla resistunt.

Manilius I 541

Der Vernunft kann nichts widerstehen.

Res dei ratio.

Tertullian paen. 1, 2

Die Vernunft ist etwas, das von Gott kommt.

Satis nos instruxit ratione natura.

Seneca ira I 17

Die Natur hat uns hinreichend mit Vernunft ausgestattet.

Si vis omnia tibi subicere, te subice rationi. Multos reges, si ratio te rexerit.

Seneca ep. 37, 4

Wenn du dir alles untertan machen willst, unterwirf dich selbst der Vernunft. Viele wirst du lenken, wenn die Vernunft dich selbst lenkt.

Societatis vinculum ratio et oratio.

Nach Cicero off. I 50

Bänder der Gesellschaft sind Vernunft und Rede.

VERRÜCKTHEIT

Aliquando et insanire iucundum est.

Seneca tr. an. 17, 10

Manchmal ist es auch schön, verrückt zu sein.

Cum insanientibus furere necesse est.

Nach Petron 3, 2

Mit Wahnsinnigen muss man verrückt sein.

Cum ratione insanire.

Nach Terenz Eun. 62

Mit Methode verrückt handeln.

Dulce est desipere in loco.

Horaz c. IV 12, 28

Süß ist's, zur rechten Zeit verrückt zu sein.

Insanire certa ratione modoque.

Nach Horaz sat. II 3, 271

Mit bestimmter Vernunft und bestimmtem Maße verrückt sein.

Omnis amans amens.

Nach Plautus Merc. 82

Jeder Liebende ist verrückt.

Semel in anno licet insanire.

Nach Augustin CD VI 10

Einmal im Jahr darf man verrückt sein.

VERZEIHEN

Det ille veniam facile, cui venia est opus.

Seneca Agam. 267

Der verzeihe leicht, der selbst Verzeihung benötigt.

Gratissimum putavit Caesar genus veniae nescire, quid quisque peccasset.

Seneca ira 2

Für die willkommenste Form der Verzeihung hielt Cäsar das fehlende Wissen darüber, wer sich was hatte zu Schulden kommen lassen.

Hanc veniam petimusque damusque vicissim.

Horaz AP 11

Diese Nachsicht erbitten wir, gewähren sie aber auch anderen.

Humanum ignoscere est.
Plautus Merc. 319

Verzeihen ist menschlich.

Ignoscas aliis multa, tibi nihil.
Ausonius sent. 3, 4

Verzeihe anderen vieles, dir selbst nichts.

Ignosce fatenti.
Tibull I 6, 29

Verzeihe dem Geständigen!

Ignoscito saepe alteri, numquam tibi.
Publilius Syrus

Verzeihe stets dem anderen, doch nie dir selbst!

Omnes ignoscunt, nemo succurrit.
Seneca ep. 1, 4

Alle verzeihen, zu Hilfe kommt keiner.

Parcere subiectis et debellare superbos.
Vergil Aen. VI 853

Unterworfene schonen und Hochmütige bekämpfen.

Parce sepulto!
Vergil Aen. III 41

Schone den, der schon im Grab liegt!

Qui culpae ignoscit uni, suadet pluribus.
Publilius Syrus

Wer einem die Schuld nachsieht, regt viele andere dazu an, sich schuldig zu machen.

Tam omnibus ignoscere crudelitas quam nulli. Modum tenere debemus.
Seneca clem. pr. 2, 2

Es ist ebenso grausam, allen zu verzeihen wie niemandem. Wir müssen das Maß wahren.

Venia est poenae meritae remissio.
Seneca clem. II 5, 1

Verzeihung ist der Erlass einer verdienten Strafe.

Venia sit dicto! *Plinius ep. V 6, 46*	*Verzeih, dass ich es so ausdrücke!*
Veniam pro laude peto. *Ovid trist. I 7, 31*	*Verzeihung erbitte ich, nicht Lob.*

VOLK

Aura popularis. *Cicero har. resp. 43*	*Die wechselnde Gunst des Volkes.*
Crede mihi: sacra populi lingua est. *Seneca contr. I 1, 10*	*Glaube mir: Die Stimme des Volkes ist heilig.*
Est vulgus ad deteriora promptum. *Tac. ann. XVI 64, 2*	*Die Masse neigt zu Schlimmerem.*
Nihil tam incertum nec tam inaestimabile est quam animi multitudinis. *Livius XXXI 34, 3*	*Nicht ist so unsicher und so unberechenbar wie die Meinung der großen Menge.*
Odi profanum vulgus et arceo. *Horaz c. III 1, 1*	*Ich verabscheue den gemeinen Pöbel und halte ihn von mir fern.*
Panem et circenses. *Juvenal X 81*	*(Nur zwei Dinge verlangt das Volk:) Brot und Spiele.*
Populus est non omnis hominum coetus quoque modo congregatus, sed coetus multitudinis iuris consensu et utilitatis communione sociatus. *Cicero rep. I 39*	*Ein Volk ist nicht jede Vereinigung von Menschen, die sich auf irgendeine Weise zusammengeschlossen haben, sondern der Zusammenschluss einer größeren Zahl von Menschen, die sich auf der Basis gemeinschaftlichen Rechts und gemeinsamen Nutzens zusammengefunden haben.*

Populus est novarum rerum cupiens pavidusque.
Nach Tacitus ann. XV 46, 1

Das Volk ist gierig nach Umsturz und hat gleichzeitig Angst davor.

Populus loquax semper et malignus.
Quintilian decl. 19

Das Volk ist stets geschwätzig und bösartig.

Populus me sibilat, at mihi plaudo.
Horaz sat. I 1, 66

Das Volk zischt mich aus, ich aber spende mir Beifall.

Salus populi suprema lex esto.
Cicero leg. III 8

Das Wohl des Volkes sei das höchste Gesetz.

Vitate, quaecumque vulgo placent.
Seneca ep. 8, 3

Vermeidet, was dem gemeinen Volk gefällt!

Vulgi opinio mutari vix potest.
Cicero top. 73

Die Meinung des Volkes lässt sich kaum ändern.

Vulgus veritatis pessimus interpres.
Nach Seneca vita beata II 2

Die Masse ist die schlechteste Deuterin der Wahrheit.

VORBILD

A capite bona valetudo.
Seneca clem. II 2

Gesundheit fängt am Kopf an.

Ex vitio alterius sapiens emendat suum.
Publilius Syrus

Der Weise berichtigt eigene Fehler aus der Wahrnehmung fremder Fehler.

In omnibus fere minus valent praecepta quam experimenta.
Quintilian inst. or. II 5, 15

Fast immer taugen Erfahrungen mehr als Vorschriften.

Longum iter est per praecepta, breve et efficax per exempla.

Seneca ep. 6, 5

Weit ist der Weg über Vorschriften, kurz und wirksam der über Vorbilder.

Melius homines exemplis docentur, quae imprimis hoc in se boni habeant, quod approbant, quae praecipiunt, fieri posse.

Plinius pan. 45

Besser lassen sich die Menschen durch Vorbilder belehren. Die haben vor allem den Vorteil, dass sie aufzeigen, dass das, was sie lehren, machbar ist.

Multorum disce exemplo, quae facta sequaris, / quae fugias: vita est nobis aliena magistra.

Disticha Catonis II 13

Am Beispiel der Masse lerne, welchen Taten du folgst / und welche du meidest: Das Leben der anderen ist der Lehrmeister für uns.

Rursus, quid virtus et quid sapientia possit, / utile proposuit nobis exemplar Ulixes.

Horaz epist. I 2, 17f.

Was wiederum Tugend, was Weisheit vermag, / dafür hat uns Odysseus ein nützliches Vorbild gegeben.

Stultissimum credo ad imitandum non optima quaeque proponere.

Plinius ep. I 5, 13

Will man etwas nachahmen, so halte ich es für absolut dumm, sich nicht gerade das Beste zum Vorbild zu nehmen.

Ubi peccat aetas maior, male discit minor.

Publilius Syrus

Wo höheres Alter Fehler macht, lernen die Jüngeren schlechte Beispiele.

Ut in corporibus, sic in imperio gravissimus est morbus, qui a capite diffunditur.

Plinius ep. IV 22, 7

Wie beim Körper, so ist auch bei der Herrschaft diejenige die schlimmste Krankheit, die sich vom Kopf aus verbreitet.

WAHNSINN

Aliquando et insanire iucundum est.

Seneca tr. an. 17, 10

Mitunter ist es auch angenehm, verrückt zu sein.

An me ludit amabilis insania?

Horaz c. III 4, 5

Oder treibt lieblicher Wahnsinn sein Spiel mit mir?

Insania scire se non potest, non magis quam caecitas se videre.

Apuleius apol. 80

Wahnsinn kann sich selbst nicht erkennen; ebenso wenig, wie Blindheit sich sehen kann.

Quae te dementia cepit?

Vergil buc. II 69

Welcher Wahnsinn hat dich gepackt?

Tu, homo, adigis me ad insaniam!

Terenz Ad. 111

Mensch, du treibst mich zum Wahnsinn!

WAHRHEIT

Adsuesces et dicere verum et audire.

Seneca ep. 68, 6

Du wirst dich daran gewöhnen müssen, nur die Wahrheit zu sagen und zu hören.

Antiquior omnibus veritas.

Tertullian apol. 47, 1

Die Wahrheit ist älter als alles andere.

Deripitur persona, manet res.

Lukrez III 58

Die Maske wird weggerissen, übrig bleibt der nackte Sachverhalt.

In omni re vincit imitationem veritas.

Cicero de or. III 215

In jeder Hinsicht ist die Wirklichkeit der Nachahmung überlegen.

Involuta veritas in alto latet.
Seneca ben. VII 1, 5

In Dunkel gehüllt, liegt die Wahrheit in der Tiefe.

Ista veritas, etiam si iucunda non est, mihi tamen grata est.
Cicero Att. III 24, 2

Diese Wahrheit ist mir, obwohl sie unangenehm ist, trotzdem lieb.

Nihil est veritatis luce dulcius.
Cicero Acad. II 31

Nichts ist süßer als das Licht der Wahrheit.

Nimium altercando veritas amittitur.
Publilius Syrus

Streitet man zu viel, bleibt die Wahrheit auf der Strecke.

Obsequium amicos, veritas odium parit.
Terenz Andr. 67 f.

Folgsamkeit verschafft Freunde, Wahrheit gebiert Hass.

Patet omnibus veritas.
Seneca ep. 33, 11

Die Wahrheit steht allen offen.

Quaedam falsa veri speciem ferunt.
Seneca ira II 22, 3

Manches Falsche trägt den Anschein der Wahrheit.

Quam miserabilis gens, in qua nemo fuit, qui verum diceret regi!
Seneca ben. VI 31, 12

Was für ein bemitleidenswertes Volk, in dem sich keiner fand, dem König die Wahrheit zu sagen!

Ridentem dicere verum / quid vetat?
Horaz sat. I 1, 24 f.

Lächelnd die Wahrheit zu sagen – was spricht dagegen?

Simplex ratio veritatis.
Cicero de or. I 229

Die einfache Logik der Wahrheit.

Veritas est filia temporis.
Nach Gellius XII 11, 7

Wahrheit ist die Tochter der Zeit.

Veritas in omnes sui partes semper eadem est.
Seneca ep. 79, 16

Die Wahrheit ist von allen Seiten aus stets dieselbe.

Veritas numquam latet.
Seneca Troad. 230

Die Wahrheit bleibt nie verborgen.

Veritas numquam perit.
Seneca Troad. 614

Die Wahrheit stirbt nie.

Veritas odium parit.
Terenz Andr. 68

Wahrheit gebiert Hass.

Veritatem dies aperit.
Seneca ep. 49, 12

Die Zeit deckt die Wahrheit auf.

Veritatem laborare nimis saepe aiunt, extingui numquam.
Livius XXII 39, 19

Man sagt, die Wahrheit leide zu häufig, sterbe aber nie.

Veritatis simplex ratio est.
Seneca ep. 49, 12

Die Logik der Wahrheit ist einfach.

Vitam impendere vero.
Juvenal IV 91

Sein Leben der Wahrheit opfern.

WEIN

Condita cum verax aperit praecordia Liber …
Horaz sat. I 4, 89

Wenn der wahrheitsliebende Wein das verborgene Innere öffnet …

Cura fugit multo diluiturque mero.

Ovid AA I 238

Die Sorge flieht und löst in reichlich Wein sich auf.

Deditos vino potio extrema delectat.

Seneca ep. 12, 4

Weintrinker erfreut der letzte Schluck.

Fecundi calices quem non fecere disertum?

Horaz epist. I 5, 19

Wen hätten volle Becher nicht beredt gemacht?

Inter pocula (laeti).

Vergil georg. II 383

Inmitten von Bechern (fröhlich).

Laudibus arguitur vini vinosus Homerus.

Horaz epist. I 19, 6

Im Lob des Weines entlarvt sich Homer als Weinfreund.

Narratur et prisci Catonis / saepe mero caluisse virtus.

Horaz c. III 21, 11 f.

Man sagt, die Sittenstrenge selbst eines Alten Cato / habe sich beim Wein oft erwärmt.

Nox et amor vinumque nihil moderabile suadent.

Ovid am. I 6, 59

Nacht, Liebe und Wein laden zur Mäßigung nicht ein.

Nullam, Vare, sacra vite prius severis arborem!

Horaz c. I 18, 1

Keinen Baum, Varus, pflanze eher als die heilige Rebe!

Nunc est bibendum!

Horaz c. I 37, 1

Jetzt heißt es trinken.

Nunc vino pellite curas!

Horaz c. I 7, 31

Nun vertreibt die Sorgen mit Wein!

Prima creterra ad sitim pertinet, secunda ad hilaritatem, tertia ad voluptatem, quarta ad insaniam. *Apuleius Flor. 20, 2*	*Der erste Becher ist für den Durst, der zweite für die Fröhlichkeit, der dritte für den Genuss und der vierte für die Tollheit.*
Qui utuntur vino vetere sapientes puto. *Plautus Cas. 5*	*Wer alten Wein trinkt, den schätze ich weise.*
Sapientiam vino obumbrari. *Plinius NH XXIII 41*	*Die Weisheit mit Wein vernebeln.*
Ut libertatis, ita vini salubris moderatio est. *Seneca tr. an. 17, 9*	*Wie bei der Freiheit, so ist auch beim Wein maßvoller Genuss gesund.*
Volgoque veritas iam attributa vino est. *Plinius NH XIV 141*	*Schon im Volk heißt es »Im Wein liegt Wahrheit«.*
Vina dabant animos. *Ovid Met. XII 242*	*Mut gab ihnen der Wein.*
Vina parant animos. *Ovid AA I 237*	*Wein macht das Herz bereit.*
Vino aluntur vires, sanguis colorque hominum. *Plinius NH XXIII 37*	*Durch den Wein werden die Kräfte, das Blut und die Gesichtsfarbe der Menschen belebt.*
Vita vinum est. *Petron 34, 7*	*Wein ist Leben.*

WEISHEIT

Imponit finem sapiens et rebus honestis.

Juvenal VI 444

Auch ehrenhaften Dingen setzt der Weise eine Grenze.

Nemo nascitur sapiens, sed fit.

Seneca ira II 10, 6

Niemand wird weise geboren, sondern er wird es.

Nemo solus satis sapit.

Plautus Mil. glor. 885

Niemand ist allein weise genug.

Nequiquam sapit, qui sibi non sapit.

Nach Cicero off. III 62

Umsonst ist weise, wer nicht für sich selbst weise ist.

Non aetate, vero ingenio apiscitur sapientia.

Plautus Trin. 367

Weisheit erreicht man nicht durch das Alter, sondern durch seine innere Einstellung.

Octavus sapientium.

Horaz sat. II 3, 296

Der achte (der sieben) Weise(n). (*ironisch-abfällige Charakterisierung)*

Saepe sub pallio sordido sapientia.

Caecilius bei Cicero Tusc. III 56

Oft ist unter einem schmutzigen Mantel Weisheit verborgen.

Sapere aude!

Horaz epist. I 2, 40

Wage es, von deinem Verstand Gebrauch zu machen!

Sapiens uno minor est Iove: dives, / liber, honoratus, pulcher, rex denique regum, / praecipue sanus.

Horaz epist. I 1, 106 ff.

Der Weise ist einzig und allein Jupiter unterlegen: Er ist reich, / frei, geehrt, schön, ja sogar der König der Könige, / vor allem aber gesund.

Sapienti sat.

Plautus Persa 729

Für einen, der Bescheid weiß, reicht der Hinweis.

Sapiens secum est.
Nach Seneca ep. 9, 16

Der Weise ruht in sich selbst.

Satis eloquentiae, sapientiae parum.
Sallust Cat. 5, 5

Genug Beredsamkeit, aber zu wenig Weisheit.

Video barbam et pallium – philosophum nondum video.
Gellius IX 2, 1

Ich sehe den Bart und den Mantel – den Philosophen aber sehe ich noch nicht.

Vitam regit fortuna, non sapientia.
Cicero Tusc. V 25

Glück regiert das Leben, nicht aber Weisheit.

WOHLERGEHEN

Carpe diem!
Horaz c. I 11, 8

Pflücke den Tag! (Nutze den Augenblick!)

Danda est animis remissio: meliores acrioresque requieti surgunt.
Seneca tr. an. 17

Man muss sich Entspannung gönnen. Nach einer Ruhepause werden wir uns leistungsfähiger und dynamischer erheben.

Dandum est aliquod intervallum animo; ita tamen, ut non resolvatur, sed remittatur.
Seneca ep. 15, 5

Man muss dem Geist eine Pause gönnen – allerdings so, dass er nicht erschlafft, sondern sich entspannt.

Demus alienis oblectationibus veniam, ut nostris impetremus.
Plinius ep. IX 17, 4

Wir wollen Verständnis für die Vergnügen anderer haben, damit wir für unsere eigenen Vergnügen auf Verständnis stoßen.

Multum autem interest, utrum vita tua otiosa sit aut ignava.
Seneca ep. 55, 4

Es besteht aber ein großer Unterschied zwischen einem Leben in entspannter Muße und einem in tatenloser Trägheit.

Nunc opus est te animo valere, ut corpore possis.

Cicero fam. XVI 2, 2

Du musst jetzt seelisch gesunden, damit du auch körperlich gesund werden kannst.

Nunc urbis vicinia iuvant facilesque recessus, / et satis est pigro, si licet esse mihi.

Martial VI 43, 9 f.

Jetzt erfreuen mich das Landleben nahe der Stadt und Erholung ohne Stress / und es genügt mir, träge sein zu dürfen.

Orandum est, ut sit mens sana in corpore sano.

Juvenal X 356

Es ist wünschenswert, dass ein gesunder Geist in einem gesunden Körper ist.

Otia corpus alunt, animus quoque pascitur illis.

Ovid ep. ex Ponto I 4, 21

Erholung nährt den Körper, auch der Geist weidet sich daran.

Proderit nobis illud Democriti salutare praeceptum, quo monstratur tranquillitas, si neque privatim neque publice multa aut maiora viribus nostris egerimus.

Seneca ira III 6, 3

Nützen wird uns der bekannte Rat Demokrits, dem zufolge innere Ruhe sich darin erweist, dass wir weder privat noch in der Öffentlichkeit vieles und unsere Kräfte Übersteigendes unternehmen.

Sic gerere nos debemus, non tamquam propter corpus vivere debeamus, sed tamquam non possimus sine corpore.

Seneca ep. 14, 2

Wir sollten uns so verhalten, dass wir nicht wegen unseres Körpers leben müssen, aber dass wir auch nicht ohne unseren Körper leben können.

Valetudo sustentatur notitia sui corporis et observatione, quae res aut prodesse soleant aut obesse.

Cicero off. II 86

Die Gesundheit wird aufrechterhalten durch die Kenntnis des Körpers und die Beobachtung dessen, was zu nützen und zu schaden pflegt.

Vires instigat alitque / tempestiva quies: maior post otia virtus.

Statius silv. IV 4, 33f.

Rechtzeitige Erholung treibt die Kräfte wieder an und nährt sie; größer ist die Tatkraft, wenn man ausgeruht hat.

Voluptas ex omni quaeritur.

Seneca ep. 95, 33

In allem wird Genuss gesucht.

WILLE

Ducunt volentem fata, nolentem trahunt.

Seneca ep. 107, 11

Der willig ist, den führt das Schicksal, den, der sich sträubt, zerrt es hinter sich her.

Est nobis voluisse satis; nec munera parva / respueris.

Tibull IV 1, 7f.

Für mich reicht es aus, gewollt zu haben; kleine Gaben / verschmähe nicht!

Hoc volo, sic iubeo: sit pro ratione voluntas.

Juvenal VI 223

Das will ich, so befehle ich es: Mein Wille gelte als Grund.

In magnis et voluisse sat est.

Properz II 10, 6

In großen Dingen ist es auch genug, gewollt zu haben.

Non qui iussus aliquid facit, miser est, sed qui invitus facit.

Seneca ep. 61, 3

Nicht der ist unglücklich, der etwas auf Geheiß tut, sondern der, der es gegen seinen Willen tut.

Possunt, quia posse videntur.

Vergil Aen. V 231

Sie können es, weil sie glauben, es zu können.

Quae volumus, et credimus libenter; et quae sentimus ipsi, reliquos sentire speramus.

Caesar BC II 27, 2

Was wir wollen, das glauben wir auch gern; und was wir selbst denken, das, hoffen wir, denken auch die anderen.

Quod volumus, sanctum est.
Augustin ep. 93, 4

Was wir wollen, ist heilig.

Quoniam non potest id fieri, quod vis, / id velis, quod possis.
Nach Terenz Andr. 305 f.

Da ja das, was du willst, nicht geht, / wolle das, was du kannst.

Tu coactus tua voluntate es.
Terenz Andr. 658

Du bist von deinem Willen gezwungen worden.

Ut desint vires, tamen est laudanda voluntas.
Ovid ep. ex Ponto III 4, 79

Mögen auch die Kräfte fehlen, so ist gleichwohl der Wille lobenswert.

Velit nolit.
Petron 71, 11; Seneca vita beata 4, 4

Ob er will oder nicht.

Velle suum cuique est nec voto vivitur uno; / dissimilis cunctis vox vultus vita voluntas.
Persius V 53 f.

Jeder hat seinen eigenen Willen und die Menschen leben nicht nach einem einzigen Wunsch; / verschieden sind bei allen Stimme und Gesicht, Lebensweise und Wille.

WISSEN

Denique nihil sciri si quis putat, id quoque nescit, / an sciri possit, quoniam nihil scire fatetur.
Lukrez IV 469 f.

Wenn schließlich jemand meint, es gebe kein wirkliches Wissen, dann weiß er auch nicht, / ob es wirkliches Wissen gibt, da er sich ja dazu bekennt, kein Wissen zu haben.

Natura semina nobis scientiae dedit, scientiam non dedit.
Seneca ep. 120, 4

Die Natur hat uns den Samen des Wissens gegeben, aber nicht das Wissen selbst.

Nemo potest omnia scire.
Varro r.r.II 1

Niemand kann alles wissen.

Nec scire fas est omnia.
Horaz c. IV 4, 22

Es ist nicht möglich, alles zu wissen.

Nosse volunt omnes, mercedem solvere nemo.
Juvenal VII 157

Wissen wollen sie alle, dafür bezahlen will keiner.

Nulli sapere casu obtigit.
Seneca ep. 76, 5

Niemandem ist es je gelungen, Wissen durch Zufall zu erwerben.

Omnia mea mecum porto.
Nach Cicero parad. Stoic. I 1, 8

All meinen Besitz (= mein Wissen) trage ich bei mir.

Per nebulam scimus.
Nach Plautus Pseud. 463

Wir wissen, wie wenn wir durch Nebel sähen.

Plus scire satius quam loqui.
Plautus Epid. 60

Es ist besser, viel zu wissen, als viel zu reden.

Scire tuum nihil est, nisi te hoc scire sciat alter.
Persius I 27

Dein Wissen ist nichts, wenn kein anderer weiß, dass du dieses Wissen hast.

ZEIT

Aetas volat.
Nach Cicero Tusc. I 76

Die Zeit fliegt dahin.

Diem perdidi.
Sueton Tit. 8, 1

Ich habe einen Tag verloren.

Dum loquor, hora fugit.
Ovid am. I 11, 15

Während ich spreche, entflieht die Stunde.

Fugit irreparabile tempus.
Vergil georg. III 284

Unwiederbringlich entflieht die Zeit.

Immortalia ne speres, monet annus et almum / quae rapit hora diem.
Horaz c. IV 7, 7 f.

Dass du nicht auf Ewiges hoffst, daran mahnt dich das Jahr und / die Stunde, die den holden Tag entreißt.

Infinita velocitas temporis, quae magis apparet respicientibus.
Seneca ep. 49, 2

Unermesslich ist die Geschwindigkeit der Zeit; sie wird denen stärker bewusst, die zurückschauen.

Labitur occulte fallitque volatilis aetas / et nihil est annis velocius.
Ovid Met. X 518 f.

Still und heimlich gleitet die Zeit dahin und täuscht uns im Fluge; / und nichts ist schneller als die Jahre.

Mors nobis tempus habetur iners.
Ovid ep. ex Ponto I 5, 44

Untätig verbrachte Zeit bedeutet für uns Tod.

Nec quae praeteriit, iterum revocabitur unda, / nec, quae praeteriit, hora redire potest.
Ovid AA III 63 f.

Weder lässt sich die Woge zurückrufen, die vorbeigeflutet ist, / noch kann die Stunde zurückkehren, die vorübergegangen ist.

Non accipimus breve tempus, sed fecimus; nec inopes eius, sed prodigi sumus.

Seneca br. vit. 1, 3

Wir bekommen die kurze Lebenszeit nicht, sondern wir haben sie dazu gemacht und wir haben keinen Mangel an Zeit, sondern gehen verschwenderisch mit ihr um.

Omnia fert aetas.

Vergil Aen. III 415

Alles nimmt uns die Zeit.

Omnia tempus alit, tempus rapit: usus in arto est.

Nemesianus ecl. IV 32

Alles nährt die Zeit, alles reißt die Zeit fort: Nur in engen Grenzen steht sie zur Verfügung.

Quaedam tempora eripiuntur nobis, quaedam subducuntur, quaedam effluunt. Turpissima tamen est iactura, quae per neglegentiam fit.

Seneca ep. 1, 1

Ein bestimmter Teil unserer Zeit wird uns entrissen, ein anderer wird uns heimlich entwendet, ein dritter fließt einfach weg. Am schimpflichsten ist aber der Verlust, der durch Unachtsamkeit zustande kommt.

Quasi nix tabescit dies.

Plautus Stich. 648

Wie Schnee schmilzt der Tag dahin.

Quidquid sub terra est, in apricum proferet aetas.

Horaz epist. I 6, 24

Was auch unter der Erde verborgen ist, die Zeit wird es ans Licht bringen.

Quod ratio nequit, saepe sanavit mora.

Seneca Agam. 130

Was die Vernunft nicht heilen kann, hat oft die Zeit geheilt.

Sed fugit interea, fugit inreparabile tempus.

Vergil georg. III 284

Aber inzwischen flieht, flieht unwiederbringlich die Zeit.

Tempori parce!

Seneca ep. 88, 39

Spare Zeit!

Tempori pare!

Cicero Att. X 8, 1

Füge dich der Zeit!

Tempus edax rerum.

Ovid Met. XV 234

Dinge fressende Zeit.

Tempus unum est, quod ne gratus quidem potest reddere.

Seneca ep. 1, 3

Zeit ist das Einzige, das auch ein dankbarer Mensch nicht zurückgeben kann.

Ulteriora mirari, praesentia sequi.

Tacitus hist. IV 8, 2

Die Vergangenheit bewundern, sich aber an die Gegenwart halten.

Utendum est aetate, cito pede labitur aetas, / nec bona tam sequitur, quam bona prima fuit.

Ovid AA III 65 f.

Nutzen muss man die Zeit; sie gleitet schnellen Fußes dahin / und nicht so gut, wie sie war, wird sie in Zukunft sein.

Volat aetas.

Cicero Tusc. I 76

Die Zeit flieht dahin.

ZEITKRITIK

Cunctis sua displicet aetas.

Ausonius epigr. 15, 11

Allen missfällt ihre eigene Zeit.

Curios simulant et Bacchanalia vivunt.

Juvenal II 3

Sie tun so, als wären sie Curier, und leben Bacchanale. (*altrömisches Adelsgeschlecht, berühmt für seine Sittenstrenge)*

Humani generis mores tibi nosse valenti sufficit una domus.

Juvenal XIII 159

Willst du den Charakter der Menschheit erkennen, so reicht der Blick auf ein vornehmes Haus.

Hunc servare modum nostri novere libelli: / parcere personis, dicere de vitiis.

Martial X 33, 9

Dieses Maß wissen unsere Büchlein zu wahren: / Personen zu schonen, aber über Laster zu sprechen.

Iuvat o meminisse beati / temporis!

Ovid Met. VII 797 f.

Ach, es ist schön, sich an glückliche Zeiten zu erinnern!

Laudamus veteres, sed nostris utimur annis.

Ovid fast. I 225

Wir loben zwar die alten Zeiten, nutzen aber unsere eigenen.

Laudator temporis acti.

Horaz AP 173

Ein Lobredner der Vergangenheit.

Nemo enim illic vitia ridet; nec corrumpere et corrumpi saeculum vocatur.

Tacitus Germ. 19

Denn dort lacht niemand über Laster; und verführen und sich verführen lassen nennt man nicht »modern«.

O saeclum insapiens et infacetum!

Catull c. 43, 8

Ach, du geistloses, witzloses Zeitalter!

O tempora, o mores!

Cicero Cat. I 1

O Zeiten, o Sitten!

ZORN

Bonum ad virum cito moritur iracundia.

Publilius Syrus

Bei einem guten Menschen erstirbt der Jähzorn schnell.

Clausae sunt aures obstrepente ira.

Curtius Rufus VIII 1, 5

Wenn der Zorn dröhnt, sind die Ohren verschlossen.

Compesce mentem!

Horaz c. I 16, 22

Bezwinge deinen Zorn!

Cupido et ira pessumi consultores.
Sallust Iug. 64, 5

Leidenschaft und Zorn sind die schlechtesten Ratgeber.

Dis proximus ille, / quem ratio, non ira movet.
Claudian Manl. cons. 227 f.

Den Göttern am nächsten ist der, / den Vernunft, nicht Zorn regiert.

Est ira ulciscendi libido.
Cicero Tusc. IV 44

Zorn ist die Lust, sich zu rächen.

Homo extra corpus est suum, cum irascitur.
Publilius Syrus

Der Mensch ist außerhalb seines Körpers, wenn er zürnt.

Immodica ira gignit insaniam.
Seneca ep. 18, 14

Unmäßiger Zorn führt zu Wahnsinn.

Impedit ira animum, ne possit cernere verum.
Nach Disticha Catonis II 4, 2

Zorn hindert den Geist, die Wahrheit zu erkennen.

Inde ira et lacrimae!
Juvenal I 168

Daher der Zorn und die Tränen!

Ira et spes fallaces sunt auctores.
Nach Livius VII 40, 18

Zorn und Hoffnung sind trügerische Ratgeber.

Ira furor brevis est.
Horaz epist. I 2, 62

Zorn ist vorübergehender Wahnsinn.

Iracundiam qui vincit, hostem superat maximum.
Publilius Syrus

Wer den Jähzorn besiegt, triumphiert über den größten Feind.

Iratus cum ad se rediit, sibi tum irascitur.
Publilius Syrus

Wenn der Zornige zu sich zurückgekehrt ist, zürnt er sich selbst.

Lex videt iratum, iratus legem non videt.

Publilius Syrus

Das Gesetz sieht den Zornigen, der Zornige aber nicht das Gesetz.

Maximum remedium irae mora est.

Nach Seneca ira III 12, 4

Das beste Mittel gegen Zorn ist die Zeit.

Nihil minus quam irasci punientem decet.

Seneca ira I 15

Nichts steht einem, der straft, weniger an als Zorn.

Numquam sapiens irascitur.

Cicero Mur. 62

Der wahre Weise wird niemals zornig.

Prudentis est irasci nec sero et semel.

Publilius Syrus

Ein kluger Mann gerät nicht zu spät in Zorn und nur einmal.

Se posse plus iratus, quam possit, putat.

Publilius Syrus

Der Zornige glaubt mehr zu können, als er kann.

Tantaene animis caelestibus irae?

Vergil Aen. I 11

So großer Zorn in den Herzen der Götter?

Ut fragilis glacies interit ira mora.

Ovid AA I 374

Wie zerbrechliches Eis schmilzt der Zorn mit der Zeit.

Ut sit magna, tamen certe lenta ira deorum est.

Juvenal XV 100

Mag er auch groß sein, so lässt der Zorn der Götter doch gewiss auf sich warten.

Vince animos iramque tuam, qui cetera vincis.

Ovid Her. III 85

Besiege deine Erregung und deinen Zorn, der du alles andere besiegst.

ZUFRIEDENHEIT, UNZUFRIEDENHEIT

Aliena nobis, nostra plus aliis placent.

Publilius Syrus

Fremdes gefällt uns besser, Unseres den anderen.

Disce parvo esse contentus!

Seneca ep. 110, 18

Lerne, mit wenigem zufrieden zu sein!

Inde fit, ut raro, qui se vixisse beatum / dicat et exacto contentum tempore vita / cedat uti conviva satur, reperire queamus.

Horaz sat. I 1, 117ff.

So kommt es, dass wir selten jemanden finden, / der zugibt, er habe glücklich gelebt, und der, wenn die Zeit vorbei ist, / wie ein gesättigter Gast vom Leben Abschied nimmt.

Laetus sorte tua vives sapienter, Aristi.

Horaz epist. I 10, 44

Bist du zufrieden mit deinem Los, so wirst du glücklich leben, Aristius.

Qui fit, Maecenas, ut nemo, quam sibi sortem / seu ratio dederit seu fors obiecerit, illa / contentus vivat, laudet diversa sequentes?

Horaz sat. I 1, 1 ff.

Wie kommt es, Maecenas, dass niemand mit dem Lebenslos, / das ihm seine eigene Planung verschafft oder der Zufall beschert hat, / zufrieden lebt, sondern die glücklich preist, die einem anderen Lebensweg folgen?

Quod satis est, cui contingit, nihil amplius optet.

Horaz epist. I 2, 46

Wem zuteil wird, was genug ist, sollte sich darüber hinaus nichts wünschen.

Romae rus optas; absentem rusticus urbem / tollis ad astra levis.

Horaz sat. II 7, 28f.

Bist du in Rom, lobst du das Landleben; bist du auf dem Lande, / lobst du unsteter Gesell die Stadt bis zu den Sternen.

Suae quemque fortunae maxime paenitet.

Cicero fam. VI 1, 1

Jeder beklagt sich am meisten über sein eigenes Los.

Tum denique homines nostra intellegimus bona, / quum, quae in potestate habuimus, ea amisimus.

Plautus Capt. 142

Dann erst erkennen wir Menschen, wie gut es uns ging, / wenn wir die Vorteile, über die wir verfügten, verloren haben.

ZUKUNFT

Certe ignoratio futurorum malorum utilior est quam scientia.

Cicero div. II 23

Gewiss ist es nützlicher, von künftigem Unheil nichts zu wissen, als davon zu wissen.

Consilium futuri ex praeterito venit.

Seneca ep. 83, 2

Rat für die Zukunft kommt aus der Vergangenheit.

Cottidie est deterior posterior dies.

Publilius Syrus

Für jeden Tag gilt: Der folgende Tag ist der schlechtere.

Durate et vosmet rebus servate secundis!

Vergil Aen. I 207

Harret aus und bewahrt euch für eine glückliche Zukunft!

Levius laedit, quicquid praevidimus ante.

Disticha Catonis II 24

Leichter trifft uns, was wir vorausgesehen haben.

Nescis, quid vesper serus vehat.

Varro bei Gellius XIII 11, 1

Du weißt nicht, was der späte Abend bringt.

Nihil sibi quisquam de futuro debet promittere. *Seneca ep. 101, 5*	*Niemand darf sich etwas von der Zukunft versprechen.*
Praecipitat quisque vitam suam et futuri desiderio laborat, praesentium taedio. *Seneca brev. vit. 7*	*Ein jeder übereilt sein Leben und müht sich, der Gegenwart überdrüssig, in der Erwartung der Zukunft ab.*
Prudens futuri temporis exitum / caliginosa nocte premit deus. *Horaz c. III 29, 29 f.*	*Wohlweislich hält, was sich in Zukunft ereignen wird, / ein Gott in finsterer Nacht zurück.*
Quam stultum est aetatem disponere ne crastini quidem dominum! *Seneca ep. 101, 4*	*Wie töricht ist es, sich das Leben einzuteilen, ohne nicht einmal Herr über den morgigen Tag zu sein!*
Quid crastina volveret aetas / scire nefas homini. *Statius Theb. III 562*	*Was die Zukunft an Umwälzung bringt, darf der Mensch nicht wissen.*
Quid futurum sit, nescio; quid fieri possit, scio. *Seneca ep. 88, 16*	*Was die Zukunft bringt, weiß ich nicht; was geschehen kann, weiß ich.*
Quid sit futurum cras, fuge quaerere! *Horaz c. I 9, 13*	*Was morgen sein wird, hüte dich zu fragen!*
Sed acta ne agamus, reliqua paremus! *Cicero Att. IX 6, 7*	*Aber lassen wir das Vergangene, machen wir uns bereit für das, was vor uns liegt.*
Vitae summa brevis spem nos vetat inchoare longam. *Horaz c. I 4, 15*	*Die kurze Spanne unseres Lebens verbietet uns, auf lange Hoffnung zu setzen.*

VERZEICHNIS DER AUTOREN UND WERKE

Ammianus Marcellinus (ca. 330–nach 395)
- res gestae

Apuleius (ca. 125–170)
- apol. Apologia
- Flor. Florida
- met. Metamorphosen

Arnobius (um 300)
- adv. nat. adversus nationes

Augustinus (354–430)
- CD de civitate Dei
- conf. confessiones
- ep. epistulae

Aurelius Victor (ca. 320–389)
- Liber de Caesaribus

Ausonius (310–393/4)
- epigr. Epigramma

Boethius (ca. 480–524)
- De consolatione philosophiae

Caecilius (2. Jh. v. Chr.)

Caesar (110–44 v. Chr.)
- BC de bello civili
- BG de bello Gallico

Calpurnius Siculus (Mitte 1. Jh. n. Chr.)
- eclogae

Cassiodor (ca. 490–583)
- inst. var. institutiones variae

Cato (234–149 v. Chr.)
- agr. de agricultura

Catull (ca. 84–54 v. Chr.)
- c. carmina

Cicero (106–43 v. Chr.)
- Acad. Academica
- am. Laelius de amicitia
- Arch. poeta pro Archia poeta
- Att. epistulae ad Atticum
- Balb. pro Balbo
- Brut. Brutus
- Cael. pro Caelio
- Cat. in Catilinam
- Cluent. pro Cluentio
- Deiot. pro rege Deiotaro
- de or. de oratore
- dom. de domo sua
- fam. epistulae ad familiares
- fat. de fato
- fin. de finibus bonorum et malorum
- Flacc. pro Flacco
- Font. pro Fonteio
- har. resp. de haruspicum responso
- imp. de imperio Cn. Pompei
- inv. de inventione
- leg. de legibus
- leg. agr. de lege agraria
- Man. pro lege Manilia
- Marc. pro Marcello
- Mil. pro Milone
- Mur. pro Murena
- nat. deor. de natura deorum
- off. de officiis
- opt. gen. de optimo genere oratorum
- Parad. Stoic. Paradoxa Stoicorum
- part. or. partitiones oratoriae
- Phil. orationes Philippicae
- Pis. in Pisonem
- Planc. pro Plancio
- p. red. ad Quir. post reditum ad Quirites
- prov. cons. de provinciis consularibus
- Quinct. pro Quinctio
- Qu. fr. epistulae ad Quintum fratrem
- Rab. pro Rabirio
- rep. de re publica
- Rosc. Am. pro Roscio Amerino
- Sest. pro Sestio
- sen. Cato maior de senectute
- top. Topica
- Tusc. Tusculanae disputationes
- Verr. in Verrem

Claudian (ca. 370–nach 403)
- carm. carmina
- Manl. cons. Panegyricus dictus Manlio consuli
- rapt. Pros. de raptu Proserpinae
- Ruf. in Rufinum

Columella (1. Jh. n. Chr.)
- res rusticae

Cornelius Nepos (ca. 100–25 v. Chr.)
- Arist. Aristides
- Att. Atticus
- Chabr. Chabrias
- Epam. Epaminondas
- Eum. Eumenes
- Hann. Hannibal

Curtius Rufus (1. Jh. v. Chr.)
- Historiae Alexandri Magni

Digesta (529 veröffentlicht)
Sammlung röm. Juristenschriften
Disticha Catonis (3. Jh.)
Sammlung von Lebensregeln (nicht von Cato)
Ennius (239–169 v. Chr.)
frg. Fragmente
sat. saturae
Gaius (2. Jh.)
Inst. Institutiones
Gellius (2. Jh. n. Chr.)
Noctes Atticae
Hieronymus (ca. 348–420)
Ruf. apologia contra Rufinum
Horaz (65 v.–8 n. Chr.)
AP ars poetica
c. carmina
epist. Episteln
epod. Epoden
sat. Satiren
Justin (4. Jh.)
epit. Epitome historiarum Philippicarum
Juvenal (ca. 60–ca. 130 n. Chr.)
Satiren
Laktanz (ca. 250–325)
inst. div. institutiones divinae
mort. pers. de mortibus persecutorum
Livius (59 v.–17 n. Chr.)
ab urbe condita
Livius Andronicus (3. Jh. v. Chr.)
Aiax Mastig. Aiax Magistatus
Lucan (39–65 n. Chr.)
bellum civile
Lucilius (2. Jh. v. Chr.)
Satiren
Lukrez (96–53 v. Chr.)
De rerum natura
Macrobius (5. Jh. n. Chr.)
sat. Saturnalien
Manilius (1. Jh. v.–1. Jh. n. Chr.)
Astronomica
Martial (ca. 40–ca. 103 n. Chr.)
Epigramme
Naevius (3. Jh. v. Chr.)
carmina
Nemesianus (3. Jh.)
ecl. Eklogen
Ovid (43 v.–ca. 17 n. Chr.)
am. amores
ep. ex Ponto epistulae ex Ponto
fast. Fasten
Her. Heroides
Met. Metamorphosen
rem. am. remedia amoris
trist. Tristien
Persius (34–62 n. Chr.)
Satiren
Plautus (ca. 240–ca. 184 v. Chr.)
Asin. Asinaria
Aul. Aulularia
Bacch. Bacchides
Capt. Captivi
Cas. Casina
Curc. Curculio
Epid. Epidicus
Merc. Mercator
Mil. glor. Miles gloriosus
Pers. Persae
Pseud. Pseudolus
Rud. Rudens
Stich Stichus
Trin. Trinummus
Truc. Truculentus
Plinius der Ältere (23/24–79)
NH naturalis historia
Plinius der Jüngere (61/2–112/13)
ep. epistulae
pan. Panegyricus
Priscian (6. Jh.)
ars grammatica
Properz (ca. 47–15 v. Chr.)
Elegien
Publilius Syrus (1. Jh. v. Chr.)
Sententiae
Quintilian (ca. 35–95)
decl. declamationes
inst. or. institutio oratoria
Sallust (86–35 v. Chr.)
Cat. coniuratio Catilinae
ep. ad Caes. epistulae ad Caesarem
hist. Historien
Jug. Jugurtha
Seneca der Ältere (55 v.–39 n. Chr.)
contr. controversiae
suas. suasoriae
Seneca der Jüngere (ca. 4 v.–65 n. Chr.)
Agam. Agamemnon
Apoc. Apocolocyntosis
ben. de beneficiis
br. vit. de brevitate vitae
clem. de clementia
cons. ad Helv. ad Helviam matrem consolatio
cons. ad Marc. ad Marciam consolatio

cons. ad Polyb.	ad Polybium consolatio
const. sap.	de constantia sapientis
ep.	epistulae morales
Herc. fur.	Hercules furens
ira	de ira
Med.	Medea
NQ	naturales quaestiones
Oed.	Oedipus
ot.	de otio
Phaedr.	Phaedra
prov.	de providentia
Troad.	Troades
tr. an.	de tranquillitate animi
vita beata	de vita beata

Servius (4. Jh.)

ad Aen.	Aeneis-Kommentar

Silius Italicus (ca. 30–101 n. Chr.)
Punica

Statius (ca. 45–ca. 95)

Ach.	Achilleis
silv.	silvae
Theb.	Thebais

Sueton (ca. 70–140)

Aug.	Augustus
Caes.	Caesar
Cal.	Caligula
Claud.	Claudius
Dom.	Domitian
Tib.	Tiberius
Tit.	Titus
Vesp.	Vespasian

Symmachus (ca. 340–402)

ep.	epistulae
or.	orationes

Tacitus (ca. 55–120)

Agric.	Agricola
ann.	Annalen
dial.	dialogus de oratoribus
Germ.	Germania
hist.	Historien

Terenz (ca. 195–159 v. Chr.)

Ad.	Adelphen
Andr.	Andria
Eun.	Eunuchus
Heaut.	Heautontimorumenos
Hec.	Hecyra
Phorm.	Phormio

Tertullian (160–ca. 220)

apol.	Apologeticum
cor.	de corona
nat.	ad nationes

Tibull (ca. 50–19 v. Chr.)
Elegien

Valerius Flaccus (1. Jh. n. Chr.)
Argonautica

Valerius Maximus (1. Jh. v./1. Jh. n. Chr.)
facta et dicta memorabilia

Varro (116–27 v. Chr.)

LL	de lingua Latina
r.r.	de re rustica
sat.	saturae Menippeae

Vegetius (um 400 n. Chr.)
epitoma rei militaris

Velleius Paterculus (20/19 v.–nach 31 n. Chr.)
historiae Romanae

Venantius Fortunatus (ca. 530–600)
carmina

Vergil (70–19 v. Chr.)

Aen.	Aeneis
buc.	bucolica (Eklogen)
georg.	Georgica

Vitruv (1. Jh. v. Chr.)
de architectura

REGISTER

(fett gedruckte Begriffe sind als thematische Einheit hervorgehoben)

A

B

C

D

E

G

H

M

N

O

P

T

U

V

W

Z

JOSEF KRAUS
WIE MAN EINE BILDUNGSNATION AN DIE WAND FÄHRT
HERBIG
UND WAS ELTERN JETZT WISSEN MÜSSEN